MÉMOIRE DESCRIPTIF

ET

OSTÉOGRAPHIE

DE

LA BALEINE,

ÉCHOUÉE

SUR LES CÔTES DE LA MER, PRÈS DE SAINT CYPRIEN,

DÉPARTEMENT DES PYRÉNÉES-ORIENTALES,

Le 27 Novembre 1828.

Companyo.

A Perpignan,

CHEZ J. ALZINE, IMPRIMEUR DU ROI.

—

1830.

MÉMOIRE DESCRIPTIF

ET

OSTÉOGRAPHIE

DE

LA BALEINE,

ÉCHOUÉE

SUR LES CÔTES DE LA MER, PRÈS DE SAINT CYPRIEN,

DÉPARTEMENT DES PYRÉNÉES-ORIENTALES,

Le 27 Novembre 1828,

Par L. Companyo,

DOCTEUR EN MÉDECINE,

MEMBRE DU COMITÉ CENTRAL DE VACCINE, MEMBRE CORRESPONDANT DE LA SOCIÉTÉ LINNÉENNE DE PARIS.

AVEC FIGURES DESSINÉES D'APRÈS NATURE.

A Perpignan,

CHEZ J. ALZINE, IMPRIMEUR DU ROI.

—

1830.

762

Avant-Propos.

La mer rejette sur les côtes du département des Pyrénées-Orientales, un Mammifère d'une grande taille. La nouvelle s'en répand dans la ville ; mille curieux se rendent sur le lieu, pour jouir de ce spectacle ; déjà une populace immense couvre le rivage ; et la hache meurtrière menace de dénaturer ses restes précieux. L'autorité est bientôt instruite de cet événement remarquable, et donne des ordres précis, qui sont ponctuellement exécutés. Toute mutilation cesse à l'instant même ; une commission est nommée pour donner les moyens de faire retirer de l'eau, faire disséquer et veiller à la conservation du squelette précieux de cet animal (1). Les travaux de cette commission commencent le 3o Novembre ; dans peu

---

(1) Nous devons aux connaissances étendues de M. le Baron Romain, Préfet de ce département, la conservation du squelette de ce Cétacée. Dès que cet administrateur fut instruit que cette Baleine avait échoué, il se transporta sur la plage, afin de juger par lui-même de l'importance du sujet. Sa présence suffit pour faire cesser la dégradation qui avait commencé et qui allait tous les jours croissant. M. le Préfet nomma de suite une commission, qui fut composée de MM. *Carcassonne, Companyo*, docteurs-médecins, et *Farines*, pharmacien. Les travaux de cette commission avaient à peine commencé, que l'administration des classes de la marine, s'empara de la Baleine échouée comme lui appartenant de droit.

de jours tout ce qui est sur la plage est sauvé, et mis en lieu de sûreté.

Les membres de la commission rédigent un rapport : malgré la diversité de leurs opinions, les commissaires concilient leur manière de voir et transmettent ce rapport à M. le Préfet, qui en envoie un double à MM. les Administrateurs du Muséum d'histoire naturelle de Paris, qui en avaient fait la demande, avec invitation de joindre un dessin, au trait, de l'animal (1).

Il fut déjà question dans la rédaction de ce rapport, que la Baleine échouée était de nouvelle espèce, opinion que je n'ai point partagée. Je me serais rangé avec plaisir du côté de mes collaborateurs : il s'agissait de la dédier à un Physicien distingué, de payer un juste tribut d'admiration dû à un savant, à un homme dont les talens sont connus de l'univers entier, et dont le mérite est au dessus de mes faibles éloges, à un compatriote, à un homme enfin, qui honore le département (2) : c'étaient de puissans motifs pour me porter à faire le sacrifice de mon opinion, pour peu que la chose eût été vraisemblable ; j'aurais été enchanté de participer à l'honneur de l'offre que mes collaborateurs se proposaient de faire ; mais ils étaient si loin de la vérité que je dus forcément ne pas y consentir.

En fait de sciences naturelles, tout devrait être envisagé tel que la nature nous l'offre ; la fiction, ni le désir d'avoir la gloire de découvrir une nouvelle espèce ne doivent pas au détriment de la vérité ni de la science, et en dénaturant la descrip-

---

(1) Sur ce point il nous fut de toute impossibilité de satisfaire MM. les Administrateurs du Muséum d'histoire naturelle : l'animal était trop maltraité pour le dessiner. Mais avec le rapport il fut envoyé un dessin du squelette, de la tête et de quelques autres os.

(2) M. Arago, membre de l'Institut, officier de la légion d'honneur.

tion qu'on en donne, nous entraîner à induire à erreur ceux qui nous lisent : l'espèce nouvelle qu'on établit demeure le plus souvent espèce unique et les naturalistes ne la retrouvent plus de la vie.

Pendant le tems de nos réunions pour la rédaction du rapport fait à l'autorité qui nous avait honorés de sa confiance, il avait été question de composer un mémoire sur le Cétacée échoué, pour l'adresser à l'institut royal de France. Le rapport rendu, je ne songeais plus au mémoire projeté, lorsque le 3 Février 1829 je reçus un paquet qui me fut remis par M. Carcassonne André : ce paquet contenait le brouillon du mémoire et la lettre suivante.

M. CARCASSONNE,

« Ne pouvant m'absenter, je prends la liberté de vous
» envoyer le brouillon de notre mémoire sur la Baleine, que
» j'ai fait sur les notes qui ont été fournies pour le rapport :
» veuillez, s'il vous plaît, le revoir avec M. Companyo, et noter
» en marge les changemens ou additions que vous croirez
» devoir y apporter. Si vous pouviez vous entendre avec M.
» Companyo pour faire ce travail dans la journée, je le trans-
» crirais ce soir, et demain il pourrait partir ; car enfin, il faut
» en finir. Ci-joint la lettre d'accompagnement que vous aurez
» la bonté de signer si vous la trouvez bien ; dans le cas
» contraire, notez les changemens à faire et je la rédigerai de
» nouveau.

» Agréez, je vous prie, mes salutations bien sincères. »

J. N. Farines.

Au bas de cette lettre est une note de M. Carcassonne.

J'ai revu le travail de M. *Farines* ; je le trouve conforme à mes notes et rédigé selon mes vues : je ne puis que l'approuver.

Signé, Carcassonne, D. M.

1 *

Après avoir examiné ce travail, je le renvoie avec la note suivante : « N'étant point convaincu que le Cétacée que nous » avons vu ensemble soit une espèce inédite, je ne puis don- » ner mon assentiment à ce mémoire. »

Signé, Companyo, D. M.

Lorsque je fus instruit de ce fait, je crus devoir rédiger de mon côté un mémoire sur le même Cétacée, afin de contre-balancer une opinion qui m'avait paru tout-à-fait erronée. Ce mémoire fut envoyé à M. Cuvier, secrétaire perpétuel de l'Académie, avec une lettre du 16 Février par laquelle je le priais d'avoir la complaisance d'en faire la remise à ce corps savant.

N'ayant aucune nouvelle de mon mémoire, ni de la lettre qui l'accompagnait, craignant qu'il ne fût égaré j'écrivis de nouveau à M. le Secrétaire perpétuel de l'Académie sous la date du 29 Avril.

Je reçus alors la réponse suivante.

Institut de France.

Académie Royale des Sciences.

Paris, le 8 Mai 1829.

Le Secrétaire perpétuel de l'Académie, à M. Companyo, Docteur en Médecine.

« J'ai reçu, Monsieur, le mémoire que vous avez bien voulu » m'adresser sur un Cétacée qui a échoué sur les côtes du » département des Pyrénées-Orientales le 27 Novembre 1828, » avec un dessin représentant le squelette de la tête. J'ai » l'honneur de vous prévenir que c'est par erreur que ce » mémoire n'avait pas été d'abord remis à l'Académie. Cette

» omission vient d'être réparée et je m'empresserai de vous
» faire parvenir le rapport qui sera fait à ce sujet incessam-
» ment. »

Agréez, Monsieur, l'assurance de ma considération distinguée.

Signé , B. Cuvier.

En effet, mon mémoire fut remis à l'Académie. La commission qui avait été nommée pour examiner celui que mes
collaborateurs avaient envoyé, et qui était arrivé quelques jours
avant le mien, fut aussi chargée de vérifier mon travail. Bientôt
les journaux scientifiques publièrent l'extrait du rapport qui
fut fait à l'Académie par l'un de ses membres, M. de Blainville,
et peu de jours après je reçus de la part de M. le Secrétaire
perpétuel, l'extrait du procès-verbal de la séance du 20 Juillet
1829 (1).

J'étais bien loin de penser, lorsque je composais ce faible
travail, qu'il dût être livré à l'impression ; mais une lettre de
MM. Farines et Carcassonne insérée dans le N.º 35. 29 Août
1829 du journal de ce département, annonce la publication
de leur mémoire pour répondre, disent-ils, à ma singulière
attaque (2). C'est aussi pour répondre à ces MM., que j'ai pris
la résolution de publier le mien.

Je crois indispensable de faire connaître quantité d'erreurs
qui ont été émises dans le mémoire de MM. Farines et Carcassonne ; et comme une grande partie se trouvent dans la
description du squelette, j'ai cru qu'il convenait de retarder
la publication de mon travail, jusqu'au moment où j'aurais
terminé de monter le squelette de ce Mammifère : de cette
manière on pourra voir si les erreurs que je signale sont
réelles, et qui de nous se sera le plus rapproché de la vérité ;

____

(1) Voyez à la fin de cette notice.
(2) Voyez à la fin de cette notice la lettre de MM. *Farines* et *Carcassonne.*

la pièce de conviction sera en présence de toutes les personnes qui voudront prendre la peine de collationner.

Pendant bien long-tems j'ai craint que les ossemens de ce grand œuvre de la nature ne fussent perdus à jamais pour la science. D'abord, ils furent plongés sans nécessité dans une fosse d'eau de chaux très-forte pendant plusieurs jours : (je m'étais fortement opposé à cette immersion ne la croyant point nécessaire). Retirés de cette fosse sans les laver, ils furent étendus dans une cour sur du fumier, amoncelés ensuite dans un coin où l'ardeur du soleil fesait couler une grande quantité de matière huileuse qui détériorait les parties qu'elle touchait, et dont l'odeur infecte repoussait les curieux qui s'en approchaient. Enfin, ce squelette était dans un état si peu satisfesant, que plusieurs personnes déléguées pour l'acheter en furent dégoûtées après en avoir pris inspection.

C'est dans cet état, que M. *Benezet*, ami des sciences et des arts, eut le courage d'en faire l'acquisition ; et malgré que des difficultés sans nombre vinssent mettre entrave à son projet, rien ne fut capable de le rebuter : il ne consulta que son cœur ; et le désir d'élever un monument d'utilité réelle à la science, lui fit vaincre tous les obstacles qui s'opposaient à sa manière de voir. Il m'associa à son entreprise ; et le 24 Septembre 1829, jour où l'administration des classes de la marine nous fit cession des os de ce Mammifère, nous les fîmes transporter à Perpignan. Peu de jours après, les préparations nécessaires au blanchissage commencèrent, ainsi que la réparation des parties qui avaient été maltraitées (1).

---

(1) L'exécution manuelle de ces réparations, a été confiée à M. Aleron, ébéniste intelligent de cette ville, qui a fait preuve de beaucoup de talent par la précision qu'il a mise à exécuter les parties qui manquaient. Il a de plus donné le plan de la charpente en fer qui était nécessaire pour porter cette masse colossale, dont l'exécution a été confiée M. Gineste, habile serrurier.

MÉMOIRE DESCRIPTIF

ET

OSTÉOGRAPHIE

DE LA BALEINE,

ÉCHOUÉE

SUR LES CÔTES DE LA MER, PRÈS SAINT CYPRIEN, DÉPARTEMENT DES PYRÉNÉES-ORIENTALES, LE 27 NOVEMBRE 1828.

Première Partie.

CHAPITRE I.er

CONSIDÉRATIONS GÉNÉRALES SUR LES CÉTACÉES. (1).

Jusqu'à nos jours il n'est point d'Être doué de vie qui présente le *maximum* du volume que la nature a accordé à quelques espèces de Cétacées : il n'est point d'Être organisé et sensible qui puisse atteindre à ces espèces gigantesques, auxquelles l'empire des mers a été donné en partage.

(1) Afin de n'être pas accusé de plagiat, avant d'entrer en matière, je déclare que j'ai consulté avec soin les ouvrages de Cétologie : de *Lacepède*, (histoire naturelle des cétacées, et l'histoire naturelle des poissons, faisant suite aux œuvres de *Buffon*) ; de *P. Camper*, de *J. Huncter* et de M. *Cuvier*, (LEÇONS D'ANATOMIE COMPARÉE, ET RÈGNE ANIMAL DISTRIBUÉ D'APRÈS SON ORGANISA- TION) ; les articles de Cétologie du dictionnaire des sciences naturelles, *etc.*, *etc.* La plupart de ces ouvrages étant fort peu répandus à cause de l'élévation de leurs prix, on ne sera pas fâché de trouver dans cet opuscule quelques-uns de leurs extraits.

En effet comment concevoir que de pareils colosses pussent se mouvoir sur la surface sèche du globe, puisque les auteurs de Cétologie comparent cette énorme masse à un poids cent fois plus lourd que l'éléphant. (1).

Quels muscles n'aurait-il pas fallu pour habiller les agens nécessaires à la locomotion et imprimer à ces animaux la vitesse qu'exige le premier besoin, celui d'atteindre sa proie, ou celui de se soustraire à la poursuite de ses ennemis : mais la nature prévoyante en tout ce qu'elle fait, aussi sage qu'inépuisable en ses ressources, en assignant à ces espèces les mers pour domaine, leur a assuré, par l'immense multiplication des animaux qui en peuplent les profondeurs, une subsistance sûre et abondante.

En considérant l'ensemble de ces colosses marins, la tête est la première chose qui frappe les yeux de l'observateur : ici tout est grand, tout est majestueux. Quelle réunion de force ne faut-il pas à l'appareil musculaire qui fait mouvoir les énormes mâchoires qui la composent, et qui ne sont point destinées au broiement des alimens ; son action se borne à écarter ou à rapprocher la mâchoire inférieure de la supérieure. Avec les alimens une immense quantité d'eau pénètre dans la gorge de ces Mammifères : un appareil d'organes placé entre les os maxillaires supérieurs à la partie antérieure du frontal, sert à la fois de conduit pour ramener cette eau à l'extérieur qui s'élève en jet à une hauteur considérable, et leur sert encore à respirer l'air atmosphérique qui leur est nécessaire, et sans lequel ces animaux ne peuvent vivre ; c'est dans cet appareil que réside encore l'organe de l'odorat.

Le long des os maxillaires supérieurs sont attachées trois à quatre cents lames osseuses de chaque côté, qui sont destinées

---

(1) Les Baleines et les Cachalots, sont les mammifères les plus grands que l'on connaisse ; les auteurs de Cétologie comparent le poids d'une Baleine de 3o mètres de longueur à celui de cent-cinquante mille kilogrammes. Si ce calcul est juste notre Baleine qui avait une longueur de 25 mètres 6o centimètres, aurait pesé cent vingt-sept mille cinq cents kilogrammes.

à retenir les alimens, lorsque leurs énormes mâchoires se rapprochent. Ces lames appelées fanons et que l'on compare aux faux dont
on se sert pour faucher nos prairies, servent à divers usages,
particulièrement aux baleines et buscs des corsets des dames; (1).

Le crâne de ces Mammifères a un développement considérable
extérieurement ; sa cavité encéphalique est très-peu spacieuse et
renferme un cerveau très-petit relativement à la masse de l'animal.

Un cou très-court succède à cette tête monstrueuse, et précède
une cavité pectorale prodigieuse, qui jointe à l'abdomen, offrent
ensemble une surface excessivement large au fluide dans lequel
ces animaux sont plongés : quoique plus dense que l'atmosphère,
ce fluide les soutient et ils s'y meuvent avec une agilité et une
rapidité dont les animaux terrestres n'offrent point d'exemple.

Des muscles vigoureux font agir leurs membres pectoraux, qui
sont courts par rapport à leur taille; et quoique organisés et
composés presque comme ceux de l'homme, ils ne sont susceptibles
de se fléchir qu'à la jointure des épaules : les os des bras et des
mains sont enveloppés par un fourreau commun qui en fait une
rame avec laquelle ils se soutiennent en équilibre malgré que leur
tête soit excessivemeut lourde. (2).

---

(1) Les habitans des parages où ces animaux abondent, comme ceux du
Kamtschatka et autres peuples, mettent à profit beaucoup de parties de ces
Mammifères : l'huile leur sert à l'éclairage et à la préparation des alimens;
avec les fanons, qu'ils préparent, ils fabriquent du fil et des filets de pèche ;
ils employent les mâchoires à la construction des traîneaux et les côtes à
celle des cabanes ; avec les tendons ils font des cordes ; les estomacs sont
convertis en outres pour renfermer les boissons ; la peau de ces animaux
grossièrement tannée leur sert à faire des sacs, des courroies et des sandales.

(2) Les Cétacées qui font partie de ce sous-genre, ont sous la peau plissée
qui couvre le dessous de la mâchoire inférieure et la partie antérieure du
corps, une grande vessie, qui a une largeur égale à celle du corps de l'animal, et se termine par un angle obtus. Sa longueur, à compter du gosier,
égale la distance qui sépare ce même gosier du bout de la mâchoire supé-

La partie qui termine la région coxigienne, et qui dans ces espèces remplace les extrémités fémorales des Mammifères terrestres, leur sert tout à la fois de défense et d'organe locomoteur; car c'est par le mouvement de la queue, et par la direction qu'elles donnent à la caudale, que les Baleines flottent avec aisance, descendent à des profondeurs immenses, et remontent à la surface des eaux avec une facilité étonnante.

Rien ne peut être comparé à la vîtesse de la Baleine, dit *Lacépède* (1); elle est si grande, que ce Cétacée laisse derrière lui, une voie large et profonde comme celle d'un vaisseau qui vogue à pleines voiles; elle parcourt onze mètres par seconde ; elle va plus vîte que les vents alizés. Comment se donne-t-elle cette vîtesse prodigieuse? par sa caudale, mais surtout par sa queue.

C'est dans la queue que réside la véritable puissance de ces animaux marins; c'est le grand ressort de leur vîtesse; c'est le grand levier avec lequel ils ébranlent, fracassent, anéantissent; ou plutôt toute la force du Cétacée réside dans l'ensemble formé par sa queue et par la nageoire qui la termine. Les bras ou nageoires pectorales peuvent bien ajouter à la facilité avec laquelle les Baleines changent l'intensité ou la direction de leurs mouve-mens, repoussent leurs ennemis ou leur donnent la mort; mais nous le répétons, elles ont reçu leurs rames proprement dites, leur gouvernail, leurs armes, leur lourde massue, lorsque la nature a donné à leur queue et à la nageoire qui y est attachée, la

---

rieure. Le Cétacée peut gonfler cette poche à volonté et lui donner une dilatation considérable. Il paraît que l'air atmosphérique que l'animal reçoit par ses évents, après que ces mêmes évents lui ont servi à rejeter l'eau surabondante de sa g .le, doit pénétrer dans cette grande poche et la développer. Cet organe, d'après *Lacépède* et autres auteurs, établit un nouveau rapport entre les poissons et les Cétacées ; on doit le considérer comme une sorte de vessie natatoire, qui donne une grande légèreté à la baleinoptère , et particulièrement à sa partie antérieure, que les os et la grosseur de la tête rendent plus pesante que les autres portions de l'animal. (Voyez *Lacépède*, hist. nat. des Cétacées.)

(1) Voyez ouvrage cité.

figure, la disposition, le volume, la masse, la mobilité, la souplesse, la vigueur qu'elles montrent, et par le moyen desquelles
elles ont pu tant de fois briser ou renverser et submerger de
grandes embarcations. (1).

Il est évidemment démontré que certaines espèces de cette
famille vivent dans la Méditerranée : on en a vu dans diverses
contrées; et le sous-genre surtout auquel appartient l'espèce que
nous allons décrire paraît fréquenter plus que les autres espèces
ces parages. On a pris, a dit M. Cuvier, (2) de ces Baleines à
gorge plissée dans la Méditerrannée aussi bien que dans l'Océan.

Ce qui prouverait la justesse de l'assertion de ce savant naturaliste, c'est qu'on a plusieurs exemples de Baleines appartenant
à ce sous-genre qui ont échoué sur les côtes de cette mer ,
tandis qu'on a regardé comme un phénomène extraordinaire la
prise d'une Baleine franche près de l'île de Corse en 1620. (3).

L'apparition dans la Méditerranée de Baleines, de l'espèce qui va
nous occuper, ne doit pas être regardée comme un événement bien
extraordinaire, puisqu'il est reconnu par les auteurs, qu'elles y vivent
et l'expérience le démontre tous les jours. Un Mammifère peut mourir
dans tous les parages où il réside, soit par l'effet d'une blessure,
ou par toute autre cause; il séjourne plus ou moins long-tems
dans la mer ; tôt ou tard par l'action des vagues il doit être rejeté
à terre : il n'y a rien de plus naturel. C'est ainsi que la Baleine
que nous allons décrire est arrivée sur nos côtes; c'est par la
même raison que tant d'autres Baleines ont échoué sur divers
parages ; c'est par cette même loi qu'un Cachalot échoua près
de la *Selva* (4) il y a 60 ans : divers particuliers de cette

---

(1) Voyez *Lacépède* , ouvrage cité.

(2) Règne animal, distribué d'après son organisation.

(3) Voyez *Lacépède* , histoire naturelle des poissons , faisant suite aux
œuvres de *Buffon*.

(4) La *Selva*, village de la Catalogne espagnole, situé tout près des limites
de ce département : les pêcheurs de Collioure allaient jeter leurs filets dans
ces parages.

contrée en ont conservé quelques débris. (1).

Cependant la rencontre sur nos parages d'une Baleinoptère de la dimension de celle que nous avons observée est assez rare pour que le souvenir en soit perpétué par le moyen de l'impression ; il n'est pas à notre connaissance qu'un pareil événement ait eu lieu, et sans doute des siècles peuvent s'écouler sans qu'il se renouvelle. La conservation de la charpente osseuse d'un animal de soixante et quinze pieds de longueur, sera la meilleure preuve que nous pourrons donner à nos descendans de son existence en cas qu'ils fussent dans le doute.

---

(1) Informé qu'il existait à Collioure des pièces osseuses qui avaient appartenu à un grand Mammifère, je cherchai à éclaircir le fait, dans l'intention de comparer ces os (qu'on m'avait dit être de la colonne vertebrale), avec ceux de la Baleine qui venait d'échouer. J'écrivis à M. *Belieu*, fils aîné, qui s'occupe de conchyliologie, et qui habite Collioure, pour le prier de me donner quelques renseignemens à cet égard.

M. *Belieu*, m'écrivit en ces termes :

« Un Cétacée fut pris à la *Selva*, il y a plus de 60 ans : M. *Lanquine*,
» Nicolas, en envoya les mâchoires à *Louis XV*, qui en récompense lui fit
» une pension de 200 fr. Il existe à Collioure une gravure en mauvais état
» qui représente ce poisson ; elle fut faite à l'époque où il fut pris ; elle porte
» les dimensions et autres détails dont j'ai pris copie, savoir :

» Longueur.	60 pieds	
» Hauteur.	22	6 pouces.
» Longueur de la mâchoire inférieure.	14	9 p.
» Longueur de l'aile ou nageoire.	12	
» *Idem*, de la pêle ou rame.	14	
» Hauteur, depuis la lèvre supérieure jusqu'au sommet de la tête.	11	7 p.
» Trou par où il jetait l'eau.	1	6 p.
» Largeur du trou du gosier.	4	6 p.
» Hauteur du gosier.	6	6 p.

» Peau unie, d'un blanc obscur, ventre blanc, la mâchoire inférieure avait
» 50 dents de 6 pouces de longueur, son poids était de 1,800 quintaux,
» ses boyaux remplirent 6 bateaux de 60 quintaux chacun. »

D'après cela, il paraît que le Cétacée pris à la *Selva*, appartiendrait à l'espèce de Cachalot-Macrocéphale.

CHAPITRE II.

NOTICE HISTORIQUE.

ÉTAT DANS LEQUEL SE TROUVAIT CE MAMMIFÈRE.

Un énorme Mammifère échoua le 27 Novembre 1828, vers les deux heures de l'après-midi, sur le rivage de la mer dépendante de la commune de Saint Cyprien, département des Pyrénées-Orientales (1). La mer était assez calme ; un léger vent Sud-est se fesait sentir (2). Il arriva sur le rivage voguant sur le dos ; la queue en avant fesait fonction de proue, que sa longue étendue et le peu d'épaisseur relativement à la masse du corps, rendaient très-propre à fendre le liquide ; tandis que le tronc d'un volume considérable, encore favorisé par la dilatation des parois abdominales, formait le corps de ce navire animal, qui marchait au gré des

---

(1) Dans la journée du 26, des ouvriers qui travaillaient à la toiture de la métairie de M Jaume, voisine de la mer, aperçurent au loin une énorme masse que les vagues agitaient, et qu'ils prirent pour la carcasse d'un navire qui avait fait naufrage. Dans le courant de la matinée du 27, arriva sur le rivage, près du lieu où a échoué la Baleine, une masse de chairs desquelles s'exhalait une odeur insupportable : je ne puis affirmer ce que pouvait être cette masse que je n'ai point vue, et qui fut dispersée par les vagues.

(2) Quoique ce jour là, la mer fût assez calme, les vents du Sud et Sud-est avaient été très-violents pendant toute l'automne. Deux jours avant que ce Cétacée arrivât sur la plage, un fort ouragan accompagné d'un violent vent Sud-est avait eu lieu ; les gens du voisinage assurèrent que depuis bien long-tems ils n'avaient vu la mer aussi agitée, ce qui ferait supposer que cet ouragan avait poussé ce Mammifère dans le bassin qui est formé par l'anse qui entre dans les terres, en partant de la pointe des montagnes de l'*Albère*, suite de la chaîne des Pyrénées, à l'extrémité de laquelle est situé Collioure.

vents , malgré que la tête , que sa grande pesanteur tenait submergée, lui servît de gouvernail.

Une grande partie de la queue était étendue obliquement sur
le sable du rivage dans le sens des vagues. Le tronc en entier se
voyait à la surface du liquide , et avait la forme d'un balon ovalaire ; la tête couverte par l'eau rasait le sable ; on ne pouvait
l'apercevoir qu'en allant assez avant sur le tronc de l'animal.

Ce fut le 28 Novembre au matin , que nous nous rendîmes sur
la plage : mais déjà les habitans des lieux voisins y étaient accourus
en foule , avec des instrumens de divers genres , et s'occupaient à
dépecer ce Mammifère , et à enlever les chairs dans l'intention d'en
obtenir de l'huile ; ils ménageaient peu les parties osseuses , ce qui
nous fesait craindre la détérioration de son squelette précieux (1).

Malgré qu'on eût déjà enlevé beaucoup de chairs , cette énorme
masse qu'on voyait à la surface de l'eau , offrait un aspect peu
agréable à la vérité , mais imposant par sa grande étendue. C'étaient
les parois abdominales et thorachiques de l'animal qui s'étaient
extraordinairement dilatées , ce qu'avait favorisé la disposition de la

---

(1) La nouvelle de l'arrivée de ce monstre marin , sur la plage , fut annoncée
à Perpignan , par M. Jaume , Amédée , le 27 Novembre au soir ; nous fûmes
sur le lieu , le 28 au matin , avec M. *Canta* , Jean , naturaliste , aussi instruit que modeste. Déjà nous vîmes plusieurs fourneaux établis par les gens
qui nous y avaient dévancés , et qui s'occupaient à vouloir extraire l'huile :
mais les procédés qu'ils employaient étant défectueux , ils ne purent obtenir
les résultats qu'ils devaient en attendre. Plusieurs grandes parties des chairs
de cet animal avaient déjà été enlevées et transportées sur divers points
pour le même effet. Nonobstant cela , ce Mammifère n'était pas encore
mutilé au point de nous empêcher d'en prendre les principaux caractères.
Nous examinâmes attentivement ses formes extérieures ; il nous fut de toute
impossibilité de prendre inspection de la tête qui était submergée. Une
nageoire pectorale avait été enlevée , nous la mesurâmes et en dessinâmes
la forme ; la disposition de la peau de la gorge et de la poitrine nous donna
quelque présomption sur le genre auquel le Cétacée appartenait.

peau de ces parties (1). Cette dilatation avait été produite par le développement des gaz que la putréfaction des viscères contenus dans ces deux grandes cavités avait fournis. Cette expansion fut si forte, que la masse de ce corps si pesant fut portée du fond de l'eau à la partie supérieure, et cette position qu'il conserva après qu'il fut jeté à terre par les vagues, était sans doute celle qu'il avait depuis long-tems. Nous attribuons encore à cette augmentation de volume la possibilité qu'un corps aussi lourd ait pu flotter avec aisance sur une plage de cette étendue, où l'on peut aller très en avant dans la mer sans trouver plus d'un à deux mètres de profondeur d'eau. Dès qu'on eut pénétré dans une des grandes cavités, (la poitrine ou le bas ventre), les gaz ayant pu s'échapper, cette masse s'affaissa ; mais, malgré cela, les vagues la fesaient flotter toujours et tendaient à la jeter à terre, ce qui nous favorisa beaucoup pour l'extraire (2).

L'état de putréfaction dans lequel se trouvait cet animal, ne laisse point de doute qu'il était mort depuis long-tems : son cadavre ayant perdu une assez grande quantité de matière huileuse et légère, se sera enfoncé dans l'intérieur de la mer, où, entraîné par les courans, il aura séjourné jusqu'à ce que le développement des gaz l'ait fait remonter à la surface. Son intérieur était en grande partie putréfié ; tous les organes contenus dans le thorax et l'abdomen, étaient désorganisés par la putréfaction qui était à son plus haut degré, et qui avait entraîné celle des chairs des parties environ-

---

(1) Voyez page 11, note 2.

(2) Malgré toutes les précautions que nous avons pu prendre pour faire l'extraction de cette Baleine, nous n'avons pu la retirer de l'eau que partiellement, son état de putréfaction très-avancée en a été la cause ; nous aurions désiré la voir en entier, pour en prendre un dessin exact ; mais vingt chevaux attelés et bien dirigés, n'ont pu faire mouvoir cette lourde masse, que le froissement sur le sable mouvant rendait encore plus pesante ; de sorte que nous avons été forcés de détacher les différentes parties de ce Mammifère, et de les extraire au fur et à mesure que la dissection le permettait.

nantes ; les muscles dorsaux en contact avec les matières putrides , fruit de la désorganisation de ces parties , avaient été altérés , et leur action s'était fait sentir , même sur les parties osseuses les plus voisines. Les vertèbres dorsales et lombaires avaient contracté une couleur gris-sale , que nous attribuons à cette putréfaction , tandis que les autres vertèbres avaient conservé leur blancheur ; les cartilages intervertébraux de ces régions étaient désorganisés et les vertèbres se détachaient avec facilité.

Cet état de putréfaction se propageait le long des membranes muqueuses , jusques vers la bouche , ce qui sans doute , occasionna la chûte des fanons ; car nous n'en avons trouvé aucune trace. Les chairs éloignées du tronc étaient assez saines ; malgré cela , il se dégageait du cadavre de ce Cétacée une odeur désagréable , putride , insoutenable.

La putréfaction était si avancée que la peau se détachait avec la plus grande facilité ; elle avait douze millimètres d'épaisseur. Sous la peau , dans certains endroits , on trouvait encore une chair très-grasse , lourde , ferme , rougeâtre , parsemée de vésicules blanchâtres remplies d'une matière oléagineuse , légèrement colorée de jaune ; cette chair soumise à l'action du feu , à fourni une grande quantité d'huile épaisse , jaune , très-acre , exhalant une odeur fort désagréable , beaucoup plus forte que celle de l'huile de poisson qu'on trouve dans le commerce. Soit que cette odeur ait été produite par l'altération qu'avaient éprouvée les chairs de ce Mammifère , soit qu'elle soit propre à son espèce , il n'en est pas moins vrai que les habitans qui l'avaient faite , ont été forcés de la transporter de leurs maisons dans un lieu découvert tant l'odeur qu'elle exhalait était désagréable.

CHAPITRE III.

DESCRIPTION.

La longueur du Cétacée qui fait le sujet de ce travail, prise du bout du museau à l'extrémité de la queue, était de 25 mètres, 60 centimètres. La circonférence de son corps à la partie moyenne du thorax était de onze à douze mètres à peu près ; car il nous a été impossible de la mesurer au juste. La longueur de la tête, était de cinq mètres.

Son enveloppe tégumenteuse générale, était d'une couleur gris d'ardoise foncé, excepté sous la gorge et les parties latérales des nageoires pectorales, où cette peau était d'un blanc éclatant : c'est sous la gorge, la poitrine et le ventre qu'on remarque les plis longitudinaux qui caractérisent le sous-genre auquel appartient cette espèce. Ces plis longitudinaux sont de couleur blanc jaunâtre et ont 6 centimètres de largeur. Les sillons qu'ils forment donnent sur un bleu clair et présentent une profondeur de 4 centimètres. Leur peau ainsi couverte de rides et comme veloutée, est susceptible d'une bien plus grande extension. Les plis partent du quart antérieur de la mâchoire inférieure ; ils se bifurquent à mesure qu'ils doivent remplir une plus large étendue, et chaque embranchement se bifurque à son tour. Les bifurcations ont six millimètres de largeur à leur naissance, et s'élargissent à mesure qu'elles s'allongent. Ces plis se perdent insensiblement en arrivant vers la partie inférieure du ventre, en se réunissant de nouveau, et présentent ici la même figure qu'à leur point de départ (1) ; de sorte que la gorge, la poitrine, le

____

(1) MM. *Farines* et *Carcassonne* disent dans le mémoire qu'ils ont publié, sur ce même Cétacée, page 7 : « en suivant un de ces plis, depuis sa nais-
» sance jusqu'au bas-ventre, nous avons compté vingt-quatre embranchemens
» qui en dépendaient » *etc.* Sans doute que la foule de gens qui dépecaient

ventre jusques vers l'ombilic , et presque sous les nageoires pectorales , toutes ces parties sont symétriquement couvertes par des bandes blanches et bleues qui contrastent singulièrement ensemble par leur couleur, et qui donnent à cet animal un aspect très-agréable.

Les orifices des évents placés sur une *éminence pyramidale charnue très-irrégulière* à la partie antérieure du front, avaient 14 *centimètres de `diamètre*; ils étaient séparés par une cloison membraneuse qui les rendait *très-distincts l'un de l'autre*; la distance du trou des évents à la partie antérieure des mâchoires est de 3 mètres, 90 centimètres.

Les yeux placés plus bas et plus en arrière au dessus de l'angle qui est formé par la commissure des lèvres, *très-élevés aux parties latérales de la tête*, avaient 5 cent. de diamètre. (1).

Les mâchoires étaient dépourvues de dents, la supérieure *plus étroite et moins longue que l'inférieure*, avait la forme d'un triangle allongé, dont l'angle antérieur était rond. Sa figure était irrégulière : nous pensons que la chute des fanons était la cause de l'irrégularité de cette mâchoire. On remarquait au palais des déchirures qui paraissaient être leurs attaches; la couleur de l'intérieur du palais était blanchâtre parsemée de taches brunes. (2).

---

el mutilaient cette Baleine , avaient eu l'attention de respecter une partie de la peau du bas-ventre, afin qu'ils pussent faire cette remarque; car ces MM qui n'ont vu la Baleine que le troisième jour de son échouement , l'ont déjà trouvée dans un état de mutilation tel, que je crois de toute impossibilité d'avoir pu compter ces embranchemens , en cas qu'ils eussent existé. Je ferai observer que c'est particulièrement cette partie qui était la plus à portée d'être atteinte , la Baleine étant couchée sur le dos : c'est aussi celle qui avait été la plus maltraitée dans le but d'en extraire les lards pour obtenir de l'huile.

(1) Je ne pense point que les dimensions de toutes ces ouvertures , quoique prises avec exactitude, soient celles qu'elles devaient avoir , l'animal étant en vie. La putréfaction étant aussi avancée , ces parties doivent avoir été altérées : le séjour prolongé que ce Cétacée a fait dans la mer après avoir perdu la vie , doit avoir contribué aussi à leur altération.

(2) Cette couleur doit avoir été altérée par la putréfaction ; je serais assez porté à croire , que dans l'état de vie de l'animal , la couleur de l'intérieur de la bouche était différente.

La mâchoire inférieure, *beaucoup plus large que la supérieure, permettait à cette dernière de s'y emboîter.* Les deux branches étaient recourbées de manière à circonscrire un ovale dont le centre, qui était la partie la plus large, *avait 2 mètres, 20 centimètres intérieurement*, et la distance du milieu de la partie antérieure des deux branches de cette mâchoire à la commissure des lèvres, était de 4 mètres, 10 centimètres. Ces deux branches étaient réunies à leurs extrémités, au moyen d'un cartilage qui avait 50 centimètres de longueur; cette symphise cartilagineuse était très-adhérente à ces os, et son centre offrait déjà la dureté de l'os. (1). Le long de la mâchoire inférieure dans la partie interne qui décrit une concavité, régnait une bande de 12 à 14 centimètres de large, d'un noir velouté qui encadrait cette partie; cette bande qui était formée par la membrane muqueuse de l'intérieur des lèvres se détachait avec facilité : nous en avons conservé une partie, qui s'est

---

(1) MM. *Farines* et *Carcassonne*, dans le mémoire déjà cité, disent, page 5 : « elle paraît avoir quelque analogie avec la *Baleinoptère Rorqual*, *Lacépède;* mais, » elle s'en distingue principalement par les mâchoires plus étroites, se termi-» nant presque en pointe antérieurement, *etc.* » La pointe des deux branches de la mâchoire inférieure dans l'espèce que nous avons observée, était séparée par une symphise cartilagineuse de 50 centimètres de long. Pour examiner si les mâchoires de cette Baleinoptère se terminaient en pointe antérieurement, j'ai fait l'expérience suivante : j'ai placé un cercle qui a suivi le contour des deux branches de la mâchoire inférieure, en respectant l'écartement qui était occupé par la symphise cartilagineuse ; ce cercle ma donné au centre une étendue d'un mètre, 16 centimétres ; la portion du segment antérieur avait donc 58 centimétres de long, sur 1 mètre 16 centimètres de large ; supposons maintenant, que les branches de la mâchoire inférieure couvertes par les lèvres qui ont une épaisseur considérable augmentent les dimensions du cercle d'un tiers , cela augmentera son étendue de 30 centimètres, et alors nous aurons un mètre 46 centimètres : si un cercle qui nous donnera cet écartement peut constituer une pointe, il faudra du moins qu'elle soit excessivement mousse. (Voyez la disposition de cette mâchoire, planche 3.ᵉ, fig. 2.)

très-bien desséchée et qui ressemble à un morceau de velours noir. (1).

La jonction des deux branches de la mâchoire inférieure par l'ossification n'étant pas encore formée, le corps des vertèbres étant composé de trois pièces, le centre ou corps de la vertèbre et deux lames osseuses qui étaient jointes à la partie principale au moyen d'une substance cartilagineuse, nous font présumer que ce mammifère n'avait point acquis tout son accroissement, et que par conséquent c'était un jeune sujet.

Les nageoires pectorales placées sur les parties latérales (et un peu supérieurement) de la poitrine, *avaient la forme d'un fer de lance*, dont un des angles était plus allongé. La peau qui les recouvrait était grisâtre, leur longueur avec les chairs était de 2 mètres, 60 centimètres et 70 centimètres à la partie la plus large. Les cartilages attachés à ces nageoires ainsi que ceux de l'extrémité de la queue n'existaient pas.

La vérification des parties sexuelles nous ont donné la conviction que c'était un mâle. En avant et à quelque distance de l'anus, entre celui-ci et l'ombilic, existait un espèce de sac longitudinal qui avait 1 mètre, 30 centimètres de long et 16 centimètres de large; nous pensons que c'est le fourreau du pénis.

---

(1) Je ne sais si cette bande existe dans l'état de vie du Cétacée, ou bien si elle est produite par l'altération des sucs ; la manière dont elle était régulière et uniforme, m'inclinerait à penser qu'elle peut exister ; car, partout où l'altération des parties charnues s'est fait remarquer, la couleur n'a pas été aussi régulière. Cependant, la putréfaction était très-avancée, et tout porte à croire que ce Mammifère était mort depuis bien long-tems : le fait suivant peut en donner une idée juste. Le jour que je remarquai la bande dont il est ici question, après avoir retiré de l'eau une des branches de la mâchoire inférieure, je fis faire une incision le long de la partie supérieure sur les chairs qui recouvraient cet os. La pesanteur seule des chairs suffit pour les séparer de l'os qui resta propre comme s'il eût été depuis long-tems en macération. Il en a été de même de toutes les parties de ce Cétacée : la chair s'en est séparée avec la plus grande facilité, chose qui n'aurait pas eu lieu, si cet animal eût été mort depuis peu de tems.

CHAPITRE IV.

DÉTERMINATION.

En conséquence de tout ce que nous venons de dire, et d'après les caractères extérieurs que nous avons pu recueillir, il résulte que le mammifère échoué sur la plage de Saint Cyprien, le 27 Novembre 1828, *avait des plis longitudinaux sous la gorge, sous la poitrine et sur le ventre; la mâchoire inférieure arrondie plus allongée et beaucoup plus large que la supérieure; les évents placés à la partie antérieure du front, sur une éminence pyramidale charnue très-irrégulière; les mâchoires sans dents; la tête courte à proportion de son corps et de la queue; l'œil situé au dessus de l'angle qui est formé par la commissure des lèvres, très-élevé aux parties latérales de la tête; les nageoires pectorales en fer de lance, dont un des angles est plus allongé.* Tous ces faits réunis, malgré que nous n'ayons pu parvenir à retourner ce Cétacée pour observer la nuque et le dos, et nous assurer de la disposition que pouvait avoir la nageoire dorsale, en rapprochant tous ces caractères et les dimensions de toutes ces parties, nous pensons que cet animal appartient à la classe des mammifères de l'ordre des Cétacées du genre *Baleine*, et qu'il fait partie du deuxième sous-genre des *Baleinoptères.* (LACÉPÈDE).

Ce second sous-genre d'après cet auteur et autres que nous avons consultés, comprend trois espèces, qui sont: la *Baleinoptère Jubarte, Balæna-Boops, Lin.;* la *Baleinoptère Rorqual, Balæna-Musculus, Lin;* et la *Baleinoptère Museau pointu, Balæna-Rostrata, Lin.* Nous pensons donc que la Baleinoptère que nous avons observée est un jeune individu de la *Baleinoptère Rorqual*, 3.ᵉ espèce du 2.ᵉ sous-genre, *(Lacépède)* (1), avec laquelle nous lui trouvons les caractères d'analogie les plus sensibles. (2). Une seule différence pourrait exister

---

(1) Je dis troisième espèce, parce que la Baleinoptère *Gibbar* est la première espèce du premier sous-genre, et qu'en suivant la classification de cet auteur, le *Rorqual* se trouve la troisième espèce du genre Baleinoptère.

(2) *Je tracerai ici un tableau comparatif des caractères assignés par les auteurs à la* Baleinoptère Jubarte *, et de ceux que nous avons remarqués à notre* Baleinoptère *qui se rapportent à ceux assignés par les auteurs au* Rorqual.

BALEINOPTÈRE JUBARTE.	BALEINOPTÈRE RORQUAL.
Nuque élevée et arrondie, le museau avancé, large et un peu arrondi ; des tubérosités presque demi-sphériques au devant des évents ; dorsale courbée en arrière.	La mâchoire inférieure arrondie, plus avancée et beaucoup plus large que celle d'en haut ; la tête courte à proportion de son corps et de la queue.
Longueur, 18 à 20 mètres.	Longueur, 25 mètres, 60 centimètres.
Circonférence du corps à la partie la plus épaisse, 8 mètres.	Circonférence du corps à la partie la plus épaisse, de 11 à 12 mètres.
Longueur de l'ouverture de la gueule, 3 mètres, deux tiers.	Longueur de l'ouverture de la gueule, 4 mètres, 10 centimètres.
Largeur de la mâchoire inférieure, vers le milieu de sa longueur, 1 mètre 50 centimètres.	Largeur de la mâchoire inférieure, vers le milieu de sa longueur, 2 mètres, 20 centimètres.
Distance du bout du museau aux orifices des évents, 2 mètres.	Distance du bout du museau aux orifices des évents, 3 mètres, 90 centim.
Les orifices des évents sont rapprochés l'un de l'autre au point de paraître ne former qu'une seule ouverture. Au devant de ces orifices, on voit trois rangées de petites protubérances très arrondies.	Les orifices des évents sont écartés, et les deux ouvertures très-distinctes ; ils sont placés sur une éminence pyramidale charnue très-irrégulière.
Longueur des nageoires pectorales, 1 mètre, 2 tiers ; largeur de ces nageoires, 50 centimètres. Il n'est point parlé de la forme de ces nageoires, dans la description de cette espèce.	Longueur des nageoires pectorales, 2 mètres, 60 centimètres ; leur largeur 70 centimètres ; la forme des nageoires pectorales est lancéolée, l'un des angles est plus allongé.

entre notre Baleinoptère et le Rorqual décrit par Lacépède, différence
que nous devrions attribuer à l'âge, si elle existait en effet, puisque

BALEINOPTÈRE JUBARTE.	BALEINOPTÈRE RORQUAL.
	Tous les auteurs de Cétologie que j'ai consultés, font mention de ce caractère, dans la description du *Rorqual*, ce qui prouve que cette forme est constante à cette espèce, tandis qu'on n'en parle point dans la description de la *Jubarte*. MM. *Farines* et *Carcassonne*, dans leur mémoire, paraissent éviter avec soin de parler de ce *caractère*. L'ont-ils fait à dessein ?
Pennant, désigne la *Jubarte* ou *B. Boops*, par ces mots : le *Pike*, *Headed*, *Whale*, c'est-à-dire, à tête de Brochet ; son museau plus comprimé paraît avoir quelque ressemblance avec celui d'un Brochet, et semble se distinguenr de la *Baleine Musculus* ou *Rorqual*, à museau fortement arrondi.	*Pennant*, en parlant du *Rorqual*, dit : son museau et surtout les mâchoires inférieures, sont beaucoup plus arrondies et plus ouvertes que celles de la *Jubarte*.

Sibbald, *Pennant*, *Fabricius*, *Linné* et autres, admettent cette division et
désignent ces deux espèces par les caractères que j'ai signalés. Le célèbre *Klein*,
marchant sur les traces de ses prédesseurs et admettant leur division, a donné
des détails très-intéressans, et sa méthode avait été généralement suivie. P. *Camper*, en adoptant ce système, fit des observations qui furent accueillies avec
intérêt ; mais il était réservé au génie du savant *Lacépède*, de classer ces animaux d'une manière précise : cet écrivain moderne, continuateur des œuvres
de l'immortel *Buffon*, auquel l'Europe entière doit payer le tribut d'admiration
dû au mérite d'un auteur si justement célèbre, a adopté des caractères pour
former les sous-genres qu'il a consacrés, qui ont donné beaucoup de clarté
à cette partie, dont on a eu pendant bien long-tems de faibles connaissances·
Les caractères que je rapporte sont signalés par cet auteur. Je regrette beaucoup que la grande putréfaction de ce Mammifère, m'ait empêché de le
faire retourner, pour pouvoir examiner la position, la forme et la direction
de la nageoire dorsale, caractère très-essentiel pour distinguer ces deux espèces;

c'est un jeune sujet que nous avons observé , ou mieux encore
peut-être à sa grande putréfaction. Ce serait la grandeur de la
langue, qui d'après le Mémoire de MM. Farines et Carcassonne ,
serait infiniment plus petite, dans l'espèce que nous avons observée
ensemble; (1) tandis que dans le Rorqual décrit par *Lacépède* ,

---

mais ce caractère seul manquant , doit-on conclure de là que ce n'est point
un *Rorqual* ? lorsque surtout , les dimensions de l'animal et tous les caractères essentiels se rapportent à cette espèce. Je conclus , d'après toutes les
observations que j'ai faites , et d'après tous les auteurs que j'ai pu consulter ,
que la Baleine qui a échoué sur les côtes de Saint-Cyprien , n'est pas une
Jubarte , bien moins encore une *nouvelle Espèce* : j'ose espérer qu'il est suffi-
samment démontré que c'est un *Rorqual* qui a échoué et qui a été observé.

(1) Dans ce mémoire, les auteurs disent, page 8 : « la langue brune à sa
» surface , mollasse, et grasse en dedans, avait 1 mètre , 40 centimètres de
» longueur, sur 1 mètre de largeur, et 60 centimètres d'épaisseur, *etc.* »
Je suis bien étonné que la nature ait donné une langue aussi disproportionnée
à la capacité de la bouche d'un animal aussi monstrueux ; car , des mâchoires de 4 mètres , 55 centimètres de longueur , et qui au centre offrent un
écartement de 2 mètres , 20 centimètres , supposent une langue plus large
et surtout beaucoup plus longue, puisque l'os hyoïde auquel la langue est
attachée, est plus en arrière des mâchoires , de 20 centimètres , ce qui don-
nerait cette dimension de plus à la longueur de la langue. Mais je copie
ces Messieurs , sur le manuscrit qu'ils m'ont présenté , (voyez la lettre de
l'Avant-Propos , page 5), ils s'exprimaient ainsi : « la langue brunâtre à
» sa surface, mollasse et grasse en dedans, longue de 2 mètres, 85 centimètres ;
» large d'un mètre , 50 centimètres , et 66 centimètres d'épaisseur , » *etc.* Il
paraît que cette langue a furieusement diminué de volume , depuis la rédaction
du mémoire envoyé à l'Académie , jusqu'au moment de son *impression*. Il
est notoire que ces dimensions ont été données afin de défigurer en quelque
sorte le Cétacée qu'ils ont observé , et l'idée d'en faire une nouvelle espèce
leur a fait élaguer de leur mémoire tout ce qui pouvait se rapprocher de l'espèce à laquelle il appartenait : c'est ainsi que ces Messieurs ne parlent nullement de la forme des nageoires pectorales et de tant d'autres choses. Pour
prouver d'une manière irrévocable que la langue n'existait point et qu'ils
n'ont pu l'observer , je citerai le fait suivant : la tête du Cétacée fut retirée
de l'eau en trois fois différentes. Le 28 Novembre , dans l'après-midi , on fit
l'extraction de la branche gauche de la mâchoire inférieure ; le 29 , le crâne

et dont une note donne quelques-unes des principales dimensions, la langue serait beaucoup plus grosse : dans le *Rorqual* auquel on assigne une longueur de 26 mètres qui est la longueur de notre Baleinoptère, la langue aurait un peu plus de 5 mètres de long, sur 5 mètres de large, et cette langue énorme est maintenue dans une bouche dont la longueur de la mâchoire inférieure est de 4 mètres 5o centimètres, longueur que nous trouvons à l'espèce que nous avons observée; on ne donne point les dimensions de la largeur de la bouche dans la note donnée par *Lacépède*. Malgré qu'on ait trouvé une langue aussi large dans l'espèce décrite par cet auteur, et que celle de notre Cétacée n'offre point ces mêmes dimensions, nous ne pensons point que cela suffise pour établir que ce Cétacée soit une espèce nouvelle.

Notre Baleinoptère à la partie moyenne de sa bouche, la mâchoire inférieure, offrait un écartement de 2 mètres 20 centimètres, (cette largeur fut prise de l'intérieur des os sur le squelette) : il est certain que cet écartement ne pouvait point contenir une langue de 5 mètres de large. (1).

---

où se trouvaient attachés les os maxillaires supérieurs , et tout ce qui tenait à ces parties fut retiré , excepté les fanons, qui avaient disparu avant que l'animal échouât. Le 3 Décembre , fut extraite la branche droite de la mâchoire inférieure ; la langue ne tenait à aucune de ces parties , (je ferai observer que ces parties furent attachées avec des cordes ; des chevaux de trait furent employés pour les retirer ; les chairs cédèrent tant la putréfaction était avancée.) Sans doute que si la langue existait, elle aura été confondue avec la masse des chairs qu'on détachait à mesure que la dissection le permettait, et qu'on jetait dans une fosse faite exprès, afin de se soustraire à l'odeur infecte qui s'en exhalait. Étant constamment auprès de la mer , avec mes collaborateurs, s'ils avaient observé la langue , certes je l'aurais vue comme eux : ils n'ont pu faire qu'une supposition ; et comme il est de la plus exacte vérité qu'ils l'ont présentée de deux manières bien différentes , et qu'ils ont fini par diminuer le volume de la moitié, il sera du moins bien prouvé qu'il aurait existé une erreur inconcevable , soit dans leur première assertion , soit dans la seconde , s'il était vrai qu'il eût été possible d'en mesurer les dimensions.

(1) En supposant même que ce Baleinoptère n'eût point la langue aussi

Supposé même que la langue de notre Cétacée eût existé, ses dimensions pouvaient-elles être prises en considération pour en établir une espèce non décrite? car elles ne pourraient qu'avoir été singulièrement altérées par le séjour prolongé que cet animal fit dans la mer après avoir perdu la vie : or, ce séjour n'est que trop constaté par sa grande putréfaction. (1).

Non-seulement nous sommes persuadé par tous les caractères observés que c'est un Rorqual que nous avons vu ; mais encore il paraît démontré d'après les observations des auteurs, que cette espèce est celle dont l'habitation se rapproche le plus des contrées tempérées de l'Europe, puisque *Lacépède* dit (2) : « Le Rorqual vit dans la partie de l'Océan Atlantique septentrional qui baigne l'Ecosse, et par conséquent en deçà du 60.ᵉ degré de latitude boréale : d'ailleurs il s'avance jusques vers le 35.ᵉ puisqu'il entre par le détroit de Gibraltar dans la Méditerranée. »

Cette assertion est d'autant plus certaine que ce même auteur cite plusieurs exemples de Baleinoptères échoués sur les côtes de

---

large que le *Rorqual* décrit par *Lacépède*, ce caractère seul (si toute fois c'en est un), suffirait-il pour prouver que ce n'est point un *Rorqual ?* lorsque surtout, tous les autres caractères sont conformes à ceux qui ont été assignés à cette espèce, par tous les auteurs de Cétologie, et qui se trouvent réunis à l'espèce que je décris.

(1) Il paraît incontestable que ce Cétacée était mort depuis long-tems, puisque la putréfaction était à son comble. Elle s'était fait sentir plus particulièrement aux grandes surfaces muqueuses, qui tapissent tout le tube intestinal; les matières animales contenues dans cet énorme canal, déterminèrent la fermentation putride qui s'y manifesta principalement ; car, je n'ai vu aucun vestige des organes contenus dans les cavités thorachiques et abdominales; tout était réduit en une espèce de putrilage sanieux et incohérent qui exhalait une odeur insoutenable. Par suite, cette putréfaction se communiqua à la bouche, occasionna la chute des fanons ; et il est de toute probabilité que la langue et tout ce qui en dépendait, participa à cet état de choses : d'où je présume que son absence doit venir de là.

(2) *Lacépède*, ouvrage cité.

la Méditerranée , et touts ces Baleinoptères se trouvent appartenir
à l'espèce *Rorqual.* Il parait prouvé jusqu'à l'évidence, que cette
espèce est beaucoup plus abondante dans nos contrées méridionales
que toutes les autres , puisque assez fréquemment il en a été
pris sur nos côtes.

Nous donnons ici les dimensions exactes des parties les
plus essentielles de notre Baleinoptère.

	Mètres.	Cent.
Longueur totale de l'animal.	25	6o
Circonférence du corps, prise à la partie moyenne du thorax.	11 à12	
Longueur de la tête.	5	
Distance du bout du museau aux ouvertures des évents.	3	90
Diamètre des évents.		14
Distance du bout du museau à la commissure des lèvres.	4	10
Diamètre des yeux.		5
Longueur des nageoires pectorales.	2	6o
Leur plus grande largeur.		7o
Largeur de la base du crâne.	1	77
Largeur des fosses orbitaires.		3o
Hauteur du trou occipital.		10
Sa largeur.		6
Longueur des os maxillaires supérieurs.	3	6o
Largeur de leur base.		94
Longueur des os propres du nez.	3	4o
Leur largeur au centre.		16
Longueur du vomer.	3	5o
Longueur de la mâchoire inférieure.	4	55
Sa circonférence à la partie antérieure.		57
Idem, au centre.		78

	Mètres.	Cent.
Idem, au près du condile.		88
Largeur du corps de l'os hyoïde.		21
Distance de l'extrémité d'une apophyse postérieure à l'autre.	1	10
Longueur des cornes de l'os hyoïde.	1	37
Leur largeur auprès de la tête.		14
Idem, à leur extrémité.		17
Distance de l'extrémité d'une apophyse transverse à l'autre de la deuxième vertèbre cervicale.		90
Longueur des plus grandes apophyses épineuses des vertèbres dorsales.		52
Idem des apophyses latérales.		28
Distance de l'extrémité d'une apophyse transverse à l'autre.		90
Longueur des apophyses épineuses des vertèbres lombaires.		55
Idem, des apophyses transverses.		28
Distance de l'extrémité d'une apophyse transverse à l'autre.		90
Longueur du sternum.		48
Sa largeur à la partie moyenne.		34
Distance de l'extrémité d'une apophyse latérale à l'autre		70
Longueur de la première côte.	1	80
Longueur de la quatrième côte qui est la plus longue.	2	64
Longueur de la quatorzième côte qui est la dernière.	1	68
Longueur des os pelviens.		36
Leur largeur.		15
Hauteur de l'omoplate prise au centre.		74
Sa largeur à la partie supérieure.	1	21
Longueur totale de la nageoire pectorale.	2	32
Sa plus grande largeur.		55
Sa largeur au carpe.		45
Longueur de l'humerus.		48

	Mètres	Cent.
Sa circonférence.		55
Longueur du cubitus.		68
Sa circonférence au centre.		25
Longueur du radius.		68
Sa circonférence à l'extrémité humérale.		50
Idem au centre.		35
Longueur des os du métacarpe.		17

Longueur des Doigts.

	Mètres	Cent.
Premier doigt.		50
Deuxième doigt.		80
Troisième doigt.		65
Quatrième doigt.		60

Seconde Partie.

OSTÉOGRAPHIE.

CHAPITRE I.er

GÉNÉRALITÉS.

Nous venons de voir un volume énorme de chairs qui couvraient la charpente osseuse de ce Baleinoptère. L'aspect de son squelette n'est pas moins admirable : on ne peut le comparer à aucun autre squelette de Mammifère terrestre connu.

L'étonnement est la première impression que l'observateur éprouve en examinant le grand développement des os qui composent la tête ; leur forme est si bizarre, qu'elle paraît au premier abord se soustraire à toutes les analogies : l'assemblage des parties osseuses qui forment ce vaste appareil a quelque chose de si extraordinaire, qu'on a de la peine à croire que cette masse puisse appartenir à la tête d'un Mammifère. Cependant, en l'étudiant attentivement, on y observe très-distinctement presque le même nombre d'os qui constituent la tête des Mammifères terrestres, mais sur une échèle proportionnée à la taille gigantesque de l'animal ; sept vertèbres cervicales peu développées par rapport aux autres parties de la colonne vertébrale ; l'os hyoïde avec ses cornes, forment le cou et précèdent la poitrine qui après la tête est la capacité la plus grande ; elle est formée par quatorze vertèbres dorsales très-remarquables par le développement de leur corps, et plus encore, par celui de leurs apophyses épineuses et latérales ; le même nombre de côtes de diverses grandeurs correspond à ces vertèbres ; un sternum très-petit par rapport à la grandeur de cette vaste cavité, s'articule avec les deux premières côtes. Tout ce qui constitue la poitrine, concourt à former un rempart très-solide pour défendre des chocs extérieurs, les organes essentiels à la vie que cette cavité renferme. Aux parties, antérieure, supérieure et latérales de la poitrine, se trouvent placés les omoplates avec lesquels sont articulés les membres pectoraux.

L'assemblage des vertèbres lombaires, sacrées, coxigiennes ou caudales, constituent le reste de cette charpente osseuse. Ces vertèbres sont plus ou moins développées, suivant la région auxquelles elles appartiennent.

Il n'y a point de traces de membres abdominaux ; ils n'existent point chez ces Mammifères : on trouve seulement entre la 35.ᵉ et 36.ᵉ vertèbre lombaire, deux os, qui ne sont que les rudimens des os du bassin des autres Mammifères, qui tiennent par un ligament à cette vertèbre et sont flottans dans les chairs des lombes.

Une couche extérieure de substance compacte très-dure, couvre tous les os ; elle est très-épaisse aux os de la tête ; on remarque à leur intérieur une substance spongieuse peu solide qui contient une grande abondance de matière huileuse.

L'ossification dans plusieurs parties ne paraissait pas être complète ; c'est ainsi que dans la plupart des vertèbres thorachiques, surtout, une lame de substance osseuse qui était unie au corps de la vertèbre par le moyen d'un cartilage, se détachait facilement dans plusieurs parties ; tandis que cette même lame dans d'autres, était entièrement ossifiée, et fesait un seul et même corps avec la vertèbre. Les apophyses épineuses et transverses sont soudées très-fortement au corps de la vertèbre : leur développement est admirable.

Une particularité fort singulière se fait remarquer le long de la face inférieure de la queue : seize apophyses ayant la forme d'un V sont articulées sur les cartilages intervertébraux des vertèbres de cette région et forment un canal inférieur semblable à celui qui est formé par les apophyses épineuses placées sur la face supérieure de ces mêmes vertèbres.

De toutes les articulations de ce vaste animal , celles des membres pectoraux , de la tête sur le tronc et celles de la mâchoire infé‑ rieure , sont les seules articulations diarthrodiales ; elles sont seules revêtues de cartilages articulaires , et peuvent exécuter divers mou‑ vemens. Les autres ont leurs mouvemens très-bornés , et ne sont liées ensemble que par des ligamens sans capsules , substance inter‑ osseuse qui sert à donner de la souplesse , plutôt qu'à produire la flexibilité.

CHAPITRE II.

DE LA TÊTE.

La charpente osseuse de la tête dans les grands Cétacées est sur‑ prenante , et la forme insolite du crâne en rend l'étude fort embar‑ rassante ; mais comme nous avons à parler d'un jeune sujet et que les sutures ne sont pas encore oblitérées , nous avons pu étudier la jonction des os entre eux.

La forme de la tête est celle d'une pyramide longue de 4 mètres, 87 centimètres, dont le sommet représenté par la partie antérieure des mâchoires , est arrondi ; sa base formée par l'occiput est tournée en arrière ; elle a un mètre 70 centimètres d'étendue.

La tête est formée par le crâne et la face qui est le prolonge‑ ment des mâchoires.

Le crâne se compose de l'os occipital , du frontal, des deux parié‑ taux, des deux temporaux , du sphénoïde et de l'éthmoïde.

Les deux mâchoires sont très-développées ; la supérieure est for‑ mée par la réunion des os maxillaires supérieurs , des os palatins, des deux os incisifs , (ou carrés du nez), du vomer des deux os nasaux , (qui d'après les auteurs correspondent aux os de la pom‑ mette) : les fanons font encore partie de cet assemblage. Les os maxillaires inférieurs, longs de 4 mètres 55 centimètres, terminent la face ; ils offrent à leur partie antérieure un écartement de 5o centimètres, qui était occupé par une symphyse cartilagineuse très-épaisse et très-dure.

On distingue à la tête quatre faces, une supérieure, une inférieure et deux latérales.

La face supérieure est de forme triangulaire : elle est composée en avant par les os qui constituent la mâchoire supérieure; en arrière, par le crâne qui est aplati du haut en bas , et qui a un mètre de hauteur, sur un mètre 8o centimètres de largeur à la partie antérieure, un mètre 7o centimètres à la partie postérieure , et deux mètres à la partie moyenne. Il a de longueur, un mètre 6o centimètres : on y remarque de chaque côté deux grandes éminences ; une postérieure, plate, appartenant à l'occipital , ayant 6o centimètres d'étendue : en cette partie une rainure très-raboteuse indique la ligne de démarcation qui existe entre cet os et le temporal : ici, cette éminence devient ronde , se dirige en bas , appartient à l'os temporal ; elle a quarante centimètres de long , et paraît être l'apophyse mastoïde (1). De la base de cette apophyse , en part une autre se dirigeant en haut et en avant, convexe en dessus, concave en dessous : elle paraît former l'apophyse zigomatique de cet os ; elle a un mètre vingt centimètres de long ; son centre offre une circonférence de 8o centimètres ; à la partie postérieure et inférieure de l'apophyse mastoïde , tout près de l'articulation de cet os avec l'occipital , on remarque un sillon qui aboutit à un trou de 25 centimètres de diamètre , dont les bords sont inégaux ; il communique dans l'intérieur du crâne et paraît destiné à laisser passer les nerfs qui se distribuent à l'appareil auditif placé et suspendu par de forts ligamens , dans les grands Cétacées, à cette masse de chairs qui occupe les parties latérales de la tête derrière la voûte formée par l'occipital et le temporal.

---

(1) MM. *Farines* et *Carcassonne* , mémoire cité, disent, page 11 : « la première arrondie, dirigée en avant et en bas, appartient à l'os occipital, *etc.* » Ces MM. ont fait erreur, l'éminence qu'ils signalent fait partie de l'os temporal. (Voyez pl. 2.ᵉ — , 8, 9, 10 , 11 , 12 , et pl. 3.ᵉ, fig. 1. N.ᵒ 6 , 7.)

La seconde éminence est antérieure ; elle est formée par une grande lame osseuse fournie par l'os frontal se dirigeant obliquement de dedans en dehors, inclinée légèrement en bas, aplatie, très-épaisse postérieurement, mince à la partie antérieure ; elle a un mètre sept centimètres de saillie et 70 centimètres de largeur ; elle est concave à la face supérieure ; la face inférieure est plane : cette éminence borne par sa partie postérieure la fosse zigomatique. L'arcade zigomatique paraît être formée par les os pariétaux unis à l'occipital.

En arrière et en dehors cette éminence présente une grande cavité, bornée en avant et en arrière par des rugosités où s'attachent des muscles. Cette cavité constitue la fosse orbitaire formée supérieurement par la partie du frontal dont nous venons de parler ; elle est taillée en croissant ; sa concavité est dirigée en bas ; elle a 24 centimètres de largeur ; elle est formée en arrière par l'apophyse zigomatique des temporaux, et en avant par une grande apophyse latérale fournie par les os maxillaires supérieurs : de l'apophyse zigomatique à l'apophyse maxillaire, la fosse orbitaire a 30 centimètres de large ; en dessous, le cadre de l'orbite est formé par un os qu'on appelle jugal. Nous n'avons pas trouvé cet os.

A la partie inférieure de la fosse orbitaire, on remarque la place dans laquelle joue l'apophyse coronoïde de la mâchoire inférieure lorsque cette mâchoire exécute ses mouvemens. En dedans de la fosse orbitaire, on aperçoit une gouttière profonde qui aboutit à un trou cylindrique qui communique dans l'intérieur du crâne : ce trou a six centimètres de diamètre. Une grande fente de 25 centimètres en dedans sépare les deux éminences dont nous venons de parler ; tandis qu'en dehors elles sont très-rapprochées, et cette fente n'offre plus que trois centimètres de large.

Le centre de la face supérieure du crâne est plane ; elle est formée par le prolongement de l'os occipital qui constitue la plus grande partie de la voûte du crâne. On y remarque à la partie antérieure la suture coronale, qui unit les pariétaux avec l'os frontal ; sur les

parties latérales moyennes , une suture écailleuse qui unit les parié·
taux avec les temporaux ; et au deux tiers supérieurs , la suture
lambdoïde qui unit l'occipital avec les temporaux , les pariétaux et
le frontal.

La face inférieure de la tête , présente en avant les mâchoires ;
vers la partie postérieure , les ouvertures inférieures des évents, ou
arrière-narines , formées par les os palatins , au milieu desquels
s'articule le vomer et le prolongement de cet os qui les sépare. En
arrière et aux parties latérales de la protubérance de l'os occipital,
on voit deux grandes cavités, formées en partie par les temporaux
et l'occipital , qui sont les fosses glénoïdes destinées à recevoir la
tête des condiles de la mâchoire inférieure.

Les deux faces latérales sont formées antérieurement par le bord
externe de l'os maxillaire supérieur , et de la mâchoire inférieure,
et par la fosse zigomatique postérieurement. Vers le centre on
remarque la fosse orbitaire.

§. I. DE L'OS OCCIPITAL.

L'occipital forme la plus grande partie de la voûte du crâne;
il décrit un arc de cercle dont l'extrémité supérieure arrive au
sommet de la tête, s'articule en cette partie avec les os nasaux,
les os maxillaires supérieurs et les os incisifs : quoique cet os
constitue toute la calotte du crâne, cependant la cavité ancépha-
lique est petite et ne va pas au-delà du tiers de la grandeur de
cet os; au milieu de la base de cet os on voit le grand trou
occipital, de forme ovalaire ayant 10 centimètres de hauteur sur
6 centimètres de largeur; sur les parties latérales du trou occipital, on remarque une éminence plate se dirigeant en bas, ayant
60 centimètres d'étendue sur laquelle sont placés les condiles de
cet os, qui s'articulent avec la première vertèbre cervicale; par
cette éminence l'occipital s'articule avec les temporaux : vers l'articulation elle est très-raboteuse.

L'épaisseur de l'occipital est prodigieuse et sa substance diploïque très-forte. (1).

§. II. DES TEMPORAUX.

La forme de ces os est très-bizarre : fort épais et recourbés sur eux-mêmes ils forment de chaque côté de la tête, postérieurement, une éminence arrondie dirigée en bas, longue de 40 centimètres, qui paraît être l'apophyse mastoïde ; de cet endroit part une autre apophyse en se dirigeant en haut et en avant, convexe en dessus et concave en dessous ; elle parait former l'apophyse zigomatique ; elle diminue de grosseur à mesure qu'elle s'éloigne de sa base ; elle a 1 mètre 20 centimètres de long ; sa circonférence au centre est de 80 centimètres ; son sommet vient former la paroi postétérieure de l'orbite.

Les apophyses zigomatiques de ces os sont écartées de la base du crâne et rejetées en arrière, ce qui favorise l'écartement des mâchoires inférieures et donne plus d'étendue aux rictus de la gueule.

Près de la jonction de ces os avec l'occipital, on remarque inférieurement un gros sillon qui aboutit à un trou cylindrique qui communique dans le crâne ; ce trou paraît être le méat auditif ; à la partie supérieure se trouve une éminence très raboteuse au milieu de laquelle est située une facette articulaire oblongue qui est revêtue d'un cartilage et qui reçoit la tête des cornes de l'os hyoïde ; au dessous de l'apophyse mastoïde, vers son articulation avec l'occipital, on voit une grande fosse, destinée à recevoir les condiles de la mâchoire inférieure.

____

(1) Dans l'intérieur de la rainure formée par l'union de l'occipital avec les temporaux, j'ai remarqué un groupe de champignons que j'ai communiqués à M. *Montagne*, Docteur en médecine, Chirurgien-Major au 14.ᵉ de Ligne, savant botaniste, auquel la science est redevable de la découverte de plusieurs plantes de la famille des Cryptogames. Ce naturaliste a recueilli avec soin ces champignons trouvés sur le crâne de la Baleine, échouée sur la plage du département des Pyrénées-Orientales, et a reconnu en eux une variété très-remarquable de *Lagaricus alneus , L. Schizophyllum commune , Frix.*

§. III. DES PARIÉTAUX.

Les pariétaux ont une forme triangulaire : ils sont placés aux parties latérales supérieures de la tête, entre l'os frontal, l'occipital et les temporaux, dans cette espèce de gouttière qui est formée par la lame latérale du frontal, et par l'apophyse zigomatique des temporaux. Les pariétaux s'articulent par leur bord supérieur, avec l'occipital et forment par leur union la crête de la fosse zigomatique.

§. IV. DU FRONTAL.

Cet os placé à la partie supérieure et antérieure du crâne, étroit et très-épais au milieu, s'allonge sur ses parties latérales en forme de lame inclinée en bas et en dehors, aplatie du haut en bas, quadrilatère, épaisse en arrière, mince en avant, concave à sa face supérieure, plane inférieurement, ayant 1 mètre 7 centimètres de saillie et 70 centimètres de largeur : la partie latérale et extérieure de cette lame est épaisse, taillée en croissant dont la concavité est dirigée en bas; elle a 24 centimètres de largeur et forme la partie supérieure de la fosse orbitaire ; elle est bornée en avant et en arrière par des rugosités où s'attachent les muscles de la face; au milieu de la fosse orbitaire on aperçoit un sillon qui aboutit à un trou cylindrique de 6 centimètres de diamètre et qui communique dans l'intérieur du crâne ; ce trou paraît destiné à donner passage aux nerfs qui se distribuent à l'organe de la vue.

La partie antérieure de cette lame s'articule avec une apophyse de la même largeur qui appartient à l'os maxillaire supérieur; sa partie postérieure borne la fosse zigomatique; le centre de cet os est très-épais et il abonde en substance diploïque.

§. V. DU SPHÉNOÏDE.

Le sphénoïde est placé à la face inférieure du crâne; il n'a point la même forme que dans les autres Mammifères terrestres; il est bien difficile de déterminer sa position; cependant à l'extérieur on voit qu'il est partagé en deux portions, l'une antérieure qui se

réunit au frontal ; l'autre postérieure qui s'articule avec l'occipital ,
aboutit à la suture bazilaire , et forme deux apophyses latérales ; son
apophyse ptérigoïde est munie d'un petit crochet, comme dans les
Mammifères terrestres.

§. VI. DE L'ETHMOÏDE.

Malgré toute l'attention que nous avons pu porter à examiner
la disposition de cet os, il nous a été impossible de la déterminer : pour
pouvoir le décrire, il aurait fallu scier le crâne par le milieu ; de cette
manière on aurait pu donner une idée précise de la disposition
des lames ethmoïdales et assigner leur démarcation ; les auteurs
prétendent qu'il est dépourvu de lame criblée.

§. VII. DES OS QUI COMPOSENT LA FACE.

La face est formée par les mâchoires qui sont les parties osseuses
qui présentent le plus grand développement. La mâchoire supérieure est composée par l'assemblage de plusieurs os, qui par leur
réunion donnent à cette mâchoire la forme d'un triangle allongé ;
elle est moins longue, et beaucoup moins large que l'inférieure ; la
face supérieure de cette mâchoire est convexe, l'inférieure qui
correspond à la voûte palatine, présente à droite et à gauche une
concavité formée par la lame latérale de ces os qui s'articulent
avec le prolongement du vomer qui leur est intermédiaire. Dans
cette concavité sont placés les fanons ; on y remarque plusieurs
sillons, auxquels étaient fixés les ligamens qui servent d'attache à
ces lames osseuses ; on n'aperçoit point de cavités dentaires.

§. VIII. DES OS MAXILLAIRES SUPÉRIEURS.

La forme des os maxillaires supérieurs est triangulaire ; ils sont
longs de 3 mètres 60 centimètres, et leur base offre une largeur
de 94 centimètres ; ils ont en arrière et en dedans une longue
apophyse qui s'articule par une suture écailleuse à la partie moyenne
du frontal ; cette apophyse a beaucoup d'analogie avec l'apophyse
montante qui se trouve dans les os maxillaires de la plupart des

Mammifères terrestres; de la base de cette apophyse partent deux
lames qui s'allongent, dont la supérieure est convexe en dessus
et concave en dessous; sur la convexité de cette lame et à 27
centimètres de distance de son articulation avec l'os frontal, on
remarque plusieurs trous, qui sont les trous sous-orbitaires; ces
trous de l'extérieur aboutissent à un grand canal qui se trouve au-
dessous de l'apophyse montante, qui sans doute est le canal sous-
orbitaire : en cet endroit cette lame osseuse s'élargit et vient s'articuler au dessous de l'apophyse latérale de l'os frontal; arrivée à la
partie antérieure de la fosse orbitaire elle devient très-épaisse et se
termine par une forte apophyse très-raboteuse à laquelle s'attachent
plusieurs muscles. Une autre lame de la même largeur et presque de
la même forme, est latérale et s'articule avec le vomer; elle s'allonge
en arrière, s'élargit et vient s'articuler avec l'extrémité antérieure des
os palatins, qui contribuent à former le plancher d'une fosse en
forme de canal qui se trouve divisée en deux par le vomer, ce qui
constitue les arrière-narines postérieurement, et aboutit, en longeant
le crâne, aux trous des évents à la partie supérieure.

On remarque à la concavité de ces deux lames, quelques sillons
assez profonds qui servent à fixer les fanons qui sont attachés à
cette mâchoire : la partie antérieure de ces os se termine en pointe.

§. IX. DES OS PALATINS.

Les deux os palatins sont placés à la partie postérieure de la
base du crâne, derrière les os maxillaires supérieurs; ils forment
la partie postérieure des arrière-narines; ils sont séparés par le
vomer; ces os sont plats, minces, longs de 75 centimètres et larges
de 32 centimètres : ils s'articulent en arrière avec l'os occipital,
en avant avec la lame postérieure des os maxillaires; ils terminent la
voûte palatine.

§. X. DES OS INCISIFS.

Ces deux os, d'après les auteurs de cétologie, sont ceux qui correspondent aux os carrés du nez des Mammifères terrestres ; ils

s'étendent depuis le milieu de l'os frontal à la partie antérieure,
longent les parties latérales des os maxillaires supérieurs, entre
ceux-ci qu'ils dépassent de sept centimètres et le vomer. Les os
incisifs sont triangulaires, étroits et longs de trois mètres, 40 centimètres ; la plus forte largeur de la partie la plus épaisse de ces
os, est de 16 centimètres. La partie antérieure offre une pointe avec
plusieurs sillons auxquels s'attachent de forts cartilages qui forment
le devant du museau. Les deux bandes parallèles que forment ces
deux os placés entre les os maxillaires et le vomer qu'ils recouvrent
en partie antérieurement, s'écartent vers les deux tiers supérieurs
et laissent une large fosse qui constitue la fosse nazale, garnie dans
l'état frais d'un appareil membraneux que nous n'avons pu observer
à cause de la grande putréfaction de cette Baleine. Vers le commen-
cement de cette fosse, les os incisifs s'aplatissent, se dévient ei
vont en cet état s'articuler avec l'os frontal et les os nasaux.

§. XI. DU VOMER.

L'os vomer occupe la partie mitoyenne de la face ; il sépare la
cavité nazale en deux parties en s'allongeant, d'après le développement des mâchoires : il est formé par une lame très-épaisse recourbée
sur elle même de bas en haut, ce qui constitue une grande gouttière,
d'abord large à sa base, et qui diminue sensiblement vers la pointe :
cette gouttière a 3 mètres 50 centimètres de longueur, 25 centimètres
de profondeur et 30 centimètres de largeur à la partie moyenne :
elle est remplie par une substance fibro-cartilagineuse, assez dure,
laquelle soumise à l'action du feu, se racornit et exhale une odeur de
corne brûlée. Cette substance cartilagineuse s'allonge et dépasse la
gouttière qui la contient pour venir se recourber, s'attacher aux os
maxillaires supérieurs, aux os incisifs, et former le large museau de
l'animal.

Le vomer s'articule à la partie moyenne du sphénoïde, sépare en
cet endroit les fosses nazales, s'allonge vers le devant du museau,
s'articule par un cartilage qui est intermédiaire avec la lame latérale

des os maxillaires qui lui est parallèle : le milieu de cet os , en dessous , forme la partie mitoyenne de la voûte palatine ; en dessus ,
les os incisifs ou carrés du nez sont intermédiaires entre la lame
des os maxillaires et le vomer qu'ils recouvrent dans la partie antérieure.

§. XII. DES OS NASAUX.

Les os nasaux , longs de 30 centimètres , larges de 12 centimètres,
sont placés à la partie supérieure et antérieure du crâne ; ils sont
courts et épais , comme tous les os qui composent le sommet de
cette région , convexes en dessus et concaves en dessous ; la partie
supérieure est arrondie , la partie inférieure aplatie : ils paraissent
destinés à consolider l'articulation des os incisifs et de l'apophyse
montante des os maxillaires ; ils s'articulent avec ceux-ci et l'os frontal ; ils sont en cet endroit comme une espèce d'arc-boutant , et
s'élèvent par leur position au-dessus de l'occipital supérieur. C'est
à la partie supérieure de ces os que se trouvent placées les ouvertures des évents. Les auteurs de cétologie assimilent ces os aux os
de la pommette des Mammifères terrestres (1).

§. XIII. DE LA MACHOIRE INFÉRIEURE.

Deux grands os symétriques et très-développés composent la
mâchoire inférieure ; ils sont unis en avant par une symphyse cartilagineuse, très-forte et très-adhérente qui a 50 centimètres d'étendue. Vue par dessous dans sa position naturelle, la mâchoire inférieure retrace la plus grande partie d'un éllipsoïde fort ouvert ;

---

(1) Je crois que ce serait ici la place de parler de l'os jugal , que décrit
M *Cuvier,* et qui existe à la tête de la Baleine conservée au Muséum d'histoire naturelle de Paris. Cet os , d'après cet écrivain célèbre , complète le
cadre de l'orbite en dessous : il n'a pas été trouvé parmi les os de la tête de
notre Baleine ; il a été sans doute égaré : peut-être qu'en assimilant les os
jugaux aux os de la pommette des autres Mammifères , on aurait plus de
raison qu'en leur assimilant les os nasaux ; du moins les premiers seraient
plus près du siége que les os de la pommette occupent chez les Mammifères
en général.

examinée en profil dans une direction horizontale, elle représente la corde d'un arc qui serait formé par la courbure de la mâchoire supérieure.

La longueur de chaque branche de la mâchoire inférieure est de 4 mètres 55 centimètres; leur circonférence à la partie antérieure, est de 57 centimètres; à la partie moyenne de 78 centimètres; et auprès du condyle de 88 centimètres. Les deux condyles dans leur position naturelle sont écartés de 70 centimètres (1), au centre, qui est la partie la plus large, cette mâchoire offre un écartement de 2 mètres , 20 centimètres.

La forme de ces os est celle d'un cylindre aplati par le côté intérieur , et terminé du côté inférieur par un bord aigu (2), excepté vers le condyle où leur forme est ovalaire. Ce condyle est incliné en arrière et en haut, au devant duquel on remarque un rétrécissement, qui forme un cou long de 79 centimètres : ici se trouve placée l'apophyse coronoïde qui a fort peu d'étendue par rapport au grand développement de ces os ; cette apophyse a onze

---

(1) MM. *Farines* et *Carcassonne*, page 15 , disent : que les condyles de la mâchoire inférieure sont séparées « en arrière par une distance d'un mètre, 20 centimètres.» Il n'est pas étonnant que ces Messieurs trouvent un écartement aussi considérable en arrière des mâchoires , au lieu de les faire articuler aux fosses gléuoïdes, qui ne donnent qu'un écartement de 70 centimètres; car ils ont fait articuler les mâchoires de cette Baleine aux fosses orbitaires : je ne suis pas surpris qu'en plaçant les mâchoires en cet endroit , les condyles soient aussi éloignés l'un de l'autre. (Voyez planche 1.", N." 6, 7, 8. Condyle de la mâchoire inférieure dans sa position naturelle.) Tandis que MM. *Farines* et *Carcassonne ,* placent le condyle dans la fosse orbitaire , désignée dans notre planche 1.ᵣᵉ—, N." 3 , 4 , 5. La position de la mâchoire inférieure telle que ces MM. la placent, contribue à donner à la tête qu'ils représentent dans leurs mémoire, une forme très-bizarre, et qui allonge considérablement la mâchoire inférieure. Cette erreur les a conduits à en commettre une autre: les fosses orbitaires étant occupées par la tête des condyles de la mâchoire inférieure , ils ont été forcés de placer les yeux plus en arrière , position qui est très-défectueuse.

(2) MM. *Farines* et *Carcassonne ,* page 16 , disent : « le bord inférieur de cet os est très-épais » : ils sont encore dans l'erreur ; le bord inférieur de cet os est aigu.

centimètres de saillie ; elle se dirige un peu en arrière et en dehors.
A peu de distance en dedans et en arrière de cette éminence, on
voit un canal très-ample, qui est le canal dentaire ; le trou qui
aboutit à ce canal a six centimètres de diamètre. Au bord supérieur
de ces os un peu extérieurement, se trouvent placés les trous mentonniers, qui sont au nombre de six à la branche droite, et de huit à la
branche gauche(1) : une baguette passée dans ces trous vient sortir à
l'orifice du canal dentaire. Le diamètre de ces ouvertures, indique assez
que les ramifications du nerf maxillaire inférieur sont très-épaisses.
Les extrémités antérieures de ces os sont coupées en biseau, et
leurs bords sont inégaux, ce qui sans doute, sert à fixer le cartilage
qui les unissait, et prouve que l'ossification en cette partie n'était
pas complète. La mâchoire inférieure est édentée : il n'existe point
de bord alvéolaire.

§. XIV. DE L'OS HYOÏDE.

Cet os est placé immédiatement derrière la mâchoire inférieure,
en face des vertèbres cervicales ; il a la figure d'un triangle dont
la base est très-large et tournée vers la poitrine ; le sommet est
dirigé vers la partie antérieure des mâchoires. Cet os a deux faces,
une concave qui répond aux vertèbres du cou ; l'autre est convexe
et extérieure. Le corps de l'os hyoïde, présente une largeur de 21
centimètres : de l'extrémité postérieure partent deux grandes apophyses cylindriques, ayant 30 centimètres de circonférence et 50
centimètres de longueur ; leur extrémité est garnie d'un cartilage ;
l'étendue de ces apophyses avec le corps de l'os, est d'un mètre 10
centimètres. La forme de cette partie est celle d'un croissant dont
le centre serait plus échancré ; et les bords de cette échancrure sont

---

(1) MM. *Farines* et *Carcassonne*, page 16, ouvrage cité, disent : « on voit tout
» le long de la face interne des trous qui donnaient passage à des artères et
« à des nerfs, » *etc.* Les seuls trous qu'on remarque aux deux branches de
la mâchoire inférieure sont les trous mentonniers placés à la face externe
près du bord supérieur. Je n'ai vu aucune trace de trous à la face interne,
si ce n'est le trou du canal dentaire. (Voyez planche 1.ʳᵉ, N.° 1.)

garnis d'aspérités , où paraissent s'attacher des muscles : la partie
antérieure du corps de cet os est surmontée par deux apophyses
en forme de fourche , de onze centimètres de saillie , garnies aussi
d'aspérités et terminées par un cartilage (1).

§. XV. DES CORNES DE L'HYOÏDE.

Deux os symétriques , longs d'un mètre 37 centimètres, plats ;
larges de 14 centimètres, courbés de dehors en dedans , forment les
cornes de l'os hyoïde ; l'extrémité supérieure est terminée par une
tête légèrement courbée, ronde sur sa largeur qui est de 14 centimètres; cette tête s'articule dans une cavité, située entre l'occipital
et l'os temporal. L'extrémité inférieure de ces os est large de 17
centimètres , revêtue d'un cartilage lâche qui s'articule avec les
apophyses de l'os hyoïde.

Nous venons de parler en détail des os qui composent la tête
du *Rorqual* que nous avons observé; pour en compléter la description, nous devrions parler du rocher qui constitue l'organe de l'ouïe;
cet appareil dans les grands Cétacées ne fait point partie de l'os
temporal, et se trouve suspendu par des ligamens au dessous d'une
voûte qui est formée par cet os et l'occipital inférieur, voûte qui
les met à l'abri de toute pression; mais la pesanteur seule de ces
parties aura suffi pour les faire détacher tant la putréfaction était
avancée, et elles auront été ainsi entraînées au fond de l'eau : malgré
toutes nos recherches nous n'avons pu les retrouver.

---

(1) Sur ce point je me trouve différer d'opinion avec MM. *Farines* et *Car-*
cassonne : ils décrivent cet os , page 20 , ouvrage cité , pour la seconde pièce
du sternum. Ayant consulté *Camper* , *J. Hunter* et M. *Cuvier* , *anat. com.* , je
décris cet os avec ces auteurs comme étant l'os hyoïde ; le sternum , d'après
ces célèbres naturalistes , chez les Baleines , n'est composé que d'une seule
pièce : leur autorité, je présume, vaut celle de MM. *Carcassonne* et *Farines.* (Voyez
planche 4 , fig. 1 et 2.)

CHAPITRE III.

DU TRONC.

La colonne vertébrale, la poitrine avec les membres thorachiques et les os rudimentaires du bassin, constituent le tronc de cet énorme Cétacée. Soixante vertèbres de différentes dimensions composent cette longue pyramide : elles peuvent être divisées en quatre séries dont chacune est très-distincte par la forme du corps de la vertèbre ; ainsi que par la forme et la disposition des apophyses épineuses et transverses des régions auxquelles elles appartiennent.

Les vertèbres de la première série sont les cervicales au nombre de sept ; les vertèbres dorsales ou costales au nombre de quatorze, forment la seconde série ; quinze lombaires constituent la troisième série ; enfin, les sacrées coxigiennes ou caudales, à l'extrémité desquelles est attachée la nageoire caudale, au nombre de vingt-quatre, composent la quatrième et dernière série.

§. I. DES VERTÈBRES CERVICALES (1).

Les sept vertèbres qui composent cette région, se distinguent des autres par leur corps aplati, et ont en général peu d'épaisseur puisque la plus forte qui est la première ne présente que douze centimètres. Les apophyses épineuses sont presque nulles, tandis que les apophyses latérales sont très-grandes, larges et percées par un trou ovalaire fort grand. Toutes les vertèbres de cette région sont mobiles.

L'atlas est la première vertèbre de cette région ; sa face anté-

---

(1) MM. *Farines* et *Carcassonne*, ouvrage cité, page 17, disent : « les ver-
» tèbres cervicales au nombre de dix. » Ces Messieurs ont pris pour des vertèbres
cervicales les trois premières vertèbres dorsales.

rieure présente deux grandes cavités articulaires concaves, revêtues d'un cartilage très-adhérent, qui est destiné à faciliter le mouvement de la tête sur le tronc. Ces cavités reçoivent les condyles occipitaux ; elles se touchent au bas, et leur partie supérieure est séparée par un arc osseux. Les apophyses transverses offrent seize centimètres de saillie ; elles sont très-épaisses, arrondies, parsemées d'aspérités, où viennent s'attacher les ligamens latéraux du cou, et les muscles qui font faire à la tête ses mouvemens de rotation. Le trou vertébral de l'*atlas*, a 18 centimètres de hauteur, sur 6 centimètres de large : son plus grand diamètre correspond au grand trou occipital dont il forme le prolongement. Cette vertèbre n'a point d'apophyse épineuse. Sa face postérieure n'offre rien de particulier, que les anfractuosités qui correspondent avec celles de la vertèbre qui la suit.

La seconde vertèbre cervicale, est l'axis. Sa forme est très-bizarre quoique symétrique ; son apophyse odontoïde, est très-peu prononcée ; mais aussi, les apophyses transverses sont énormes ; chacune est percée d'un trou qui a 17 centimètres de long sur 8 centimètres de large ; elles sont dirigées en arrière et en dehors. La distance prise de l'extrémité d'une apophyse transverse à l'autre est de 90 centimètres. L'apophyse épineuse de l'*axis*, est peu saillante ; elle est bifurquée au sommet, très-épaisse, et couvre une partie de l'*atlas*. La moële épinière, en sortant de la première vertèbre cervicale, s'engage dans le canal vertébral qui commence sous l'apophyse épineuse de la seconde ; il est ovalaire et transversal ; il a 15 centimètres de largeur et 11 centimètres de hauteur ; il continue en augmentant de dimension à mesure qu'il avance vers les vertèbres dorsales en passant toujours sous les apophyses épineuses des vertèbres. Jusqu'à la fin des vertèbres lombaires il est à peu près de la même dimension : ici, il commence à se rétrécir et vient se perdre vers la cinquante-quatrième vertèbre caudale où les apophyses épineuses ne sont presque pas sensibles ; cependant, en cet endroit, à la place des apophyses épineuses, il existe une protubérance allongée, percée par un trou, qui pénètre dans la vertèbre, et qui vient aboutir à un pareil trou se trouvant à la partie inférieure de cette protubérance.

ce qui me fait présumer, que c'est la continuation du canal vertébral. Cette espèce de protubérance se perd enfin à la cinquante-septième vertèbre et est remplacée par une gouttière qui diminue à mesure qu'elle s'avance et qui n'est plus sensible aux deux dernières vertèbres de l'extrémité de la queue.

Les quatre vertèbres cervicales qui suivent ces deux premières, se ressemblent assez ; leur forme se rapproche beaucoup de celle de l'*axis* ; les apophyses transverses de celles-ci, sont moins développées ; le trou dont elles sont percées, a 23 centimètres de longueur, sur 14 centimètres de largeur ; leur direction est la même que celle de l'*axis*, seulement elles sont moins inclinées en arrière.

La septième et dernière vertèbre de cette région se rapproche déjà par sa forme des vertèbres dorsales qu'elle précède. L'apophyse transverse est moins développée ; son sommet forme une espèce de crochet ; elle est presque ronde et n'est point percée à sa base. La direction des apophyses transverses, est l'inverse de celles des autres vertèbres de cette région : il semble que la nature les a disposées de manière à arc-bouter sur les autres, et à les tenir en respect. Son apophyse épineuse est peu saillante.

§. II. DES VERTÈBRES DORSALES OU COSTALES (1).

Les vertèbres de cette région, sont au nombre de quatorze ; leur corps ressemble à une portion de cylindre un peu aplati à la partie inférieure ; leur longueur dans le sens antero-postérieur est de 30 centimètres ; leur largeur, dans le sens transversal, de 34 centimètres, et 18 centimètres de hauteur. Ces dimensions ne sont pas les mêmes dans toutes les vertèbres de cette région.

Les trois premières se distinguent de toutes les autres par leurs

---

(1) MM. *Farines* et *Carcassonne*, ouvrage cité, page 18, disent : « les vertèbres » dorsales sont au nombre de dix. » Je pense qu'ils ont fait erreur encore : je trouve quatorze côtes de chaque côté ; je dois donc admettre quatorze vertèbres dans cette région, puisque chacune de ces vertèbres doit donner attache à une côte, à chaque apophyse transverse.

apophyses transverses qui sont presque rondes et très-raboteuses. Les parties latérales du corps de ces trois premières vertèbres, offrent des facettes articulaires qui servent à l'articulation des trois premières côtes (1). Ces côtes ont une double articulation qui se fait à l'apophyse transverse et au corps de la vertèbre.

Les apophyses transverses des onze vertèbres qui suivent les trois premières, ont 28 centimètres de saillie ; elles sont aplaties d'avant en arrière, et présentent à leur sommet une facette articulaire, très-large et très-développée, revêtue d'un cartilage qui reçoit la tête de la côte qui lui correspond, disposition toute particulière à cette espèce d'animaux. Cela n'a pas lieu chez les Mammifères terrestres; car les côtes s'articulent par une tête arrondie au corps des deux vertèbres à la fois, tandis que dans les Baleines elles s'articulent à l'extrémité des apophyses transverses qui sont très-longues, et qui contribuent au grand développement de la cavité thorachique.

La largeur prise de l'extrémité d'une apophyse transverse à l'autre, est de 90 centimètres. Cette partie de la colonne vertébrale forme une courbe dont la convexité est en haut : le centre de cette courbe se trouve vers la huitième vertèbre, moyen qui contribue encore à agrandir considérablement la cavité pectorale.

Les apophyses épineuses sont très-prononcées; elles deviennent plus hautes à mesure qu'elles s'éloignent du cou, et les plus longues ont 52 centimètres ; elles sont légèrement inclinées d'avant en arrière. Les échancrures qui forment les trous de conjugaison ont 18 centimètres de diamètre.

§. III. DES VERTÈBRES LOMBAIRES.

Les vertèbres lombaires au nombre de 15, sont remarquables

---

(1) Sur les parties latérales des trois premières vertèbres dorsales, on voit des facettes qui sont revêtues d'un cartilage auquel était attaché un ligament qui fixait la tête des trois premières côtes à cet endroit. Je ne suis pas d'accord sur ce point avec MM. *Farines* et *Carcassonne*, qui disent, page 18 : « on n'aper-
» çoit sur ces parties latérales (des vertèbres dorsales), aucune trace de facettes
» articulaires. »

par le grand développement de toutes leurs parties, et surtout par celui des apophyses épineuses qui ont 55 centimètres de longueur; elles sont les plus longues de toutes celles de la colonne vertébrale; elles servent de point d'appui à des muscles très-puissants qui s'y attachent et qui donnent le mouvement à la queue. Les apophyses latérales ou transverses ont 28 centimètres de saillie; elles sont très-larges, et leur forme est quadrilataire; la largeur prise de l'extrémité d'une apophyse transverse à l'autre est de 90 centimètres.

Le long du corps de ces vertèbres, en dessous, à la face qui correspond à l'abdomen, on remarque une espèce d'éminence osseuse en forme de crête qui devient plus sensible à mesure qu'on se rapproche des vertèbres caudales. C'est à cette région qu'on devrait trouver les membres abdominaux ; mais il n'en existe aucune trace chez les Mammifères de cet ordre. La seule chose qu'on remarque sont deux petits os qui sont les rudimens du bassin, dont nous parlerons plus bas, et qui n'ont nullement la forme des os qui constituent le bassin des Mammifères terrestres.

§. IV. DES VERTÈBRES CAUDALES.

La 4.ᵉ et dernière série de la colonne vertébrale se compose de 24 vertèbres caudales ; le corps des premières est très-développé et d'une pesanteur extraordinaire : leurs apophyses sont plus épaisses et moins saillantes : les transverses n'ont que 13 centimètres de saillie sur 20 de largeur ; les épineuses 43 centimètres de long : elles diminuent progressivement à mesure qu'elles se rapprochent de l'extrémité de la queue, terminée par 6 vertèbres, qui n'ont point d'apophyses saillantes.

Une particularité digne de remarque qu'on observe à cette partie de la colonne vertébrale, c'est un rang d'apophyses inférieures, articulées au milieu du cartilage intervertébral, qui est très-large dans cette partie; ces apophyses qui ont la forme d'un V sont au nombre de seize : elles ont une tête garnie d'un cartilage, qui s'articule avec des facettes articulaires placées à la partie inférieure des vertèbres, de sorte qu'une de ces apophyses s'articule avec deux vertèbres à la fois et sur deux points : les facettes articulaires de la vertèbre supérieure sont toujours plus fortes que celles de la vertèbre inférieure. Ces apophyses sont placées en travers : elles sont larges de 18 centimètres à la tête articulaire ; leur extrémité est large de 25 centimètres ; elles ont de hauteur 38 cent.

La première de ces apophyses s'attache entre la 37.e et 38.e vertèbre ; leur longueur augmente progressivement jusqu'à la 43.e vertèbre ; puis elles vont encore en diminuant jusqu'à ce qu'elles disparaissent entièrement à la 52.e.

L'intérieur du canal formé par la disposition de ces appendices osseux, est large de 7 centimètres et il a de hauteur 23 centimètres ; il est garni de forts ligamens , et des muscles qui s'attachent à ces parties. Ces muscles vont se perdre à la nageoire caudale et contribuent sans doute à donner à cette rame puissante, la force et la rapidité des mouvemens qu'elle exécute.

§. V. DU THORAX.

La poitrine est formée par les vertèbres dorsales dont nous avons parlé, par le sternum et par vingt-huit côtes.

§. VI. DU STERNUM.

Le sternum est un os très-petit en comparaison du développement de la cavité thorachique. Il est composé d'une seule pièce (1) ; sa figure est celle d'une croix ; il a deux faces, une interne concave, et une externe convexe. La partie supérieure de cet os est large de 26 centimètres ; elle est échancrée au milieu en forme de cœur ; à la distance de 4 centimètres en dessous de cette échancrure, on remarque un trou ovalaire qui perce l'os et qui permet au petit doigt de passer ; sa crête supérieure est raboteuse ; à la partie latérale de cette crête se trouve l'articulation des deux premières côtes. A la partie moyenne et latérale de cet os sont placées deux éminences très-raboteuses qui ont 18 centimètres de saillie et se dirigent de dehors en dedans en suivant l'inflexion du corps de l'os.

---

(1) Voyez la note , page 46, planche 4, fig. 5.

La largeur du sternum de l'extrémité d'une apophyse latérale à l'autre, est de 70 centimètres; de l'échancrure supérieure à l'éminence inférieure, de 48 centimètres; sa largeur à la partie moyenne est de 34 centimètres. L'éminence inférieure a quelque rapport avec ce qui forme chez les Mammifères terrestres le cartilage xiphoïde : cette éminence forme une saillie de 20 centimètres; elle est très-raboteuse. Cet os est revêtu d'une substance compacte très-dure ; l'intérieur est, comme tous les autres os de ce Cétacée, très-spongieux.

§. VII. DES CÔTES (1).

Les côtes, au nombre de vingt-huit, sont de différentes grandeurs : leur courbure n'est pas la même. Elles sont situées sur les parties latérales du thorax dont elles forment les parois ; leur direction est d'avant en arrière. Les deux premières, seules, s'articulent avec le sternum ; toutes les autres sont jointes avec leurs pareilles au moyen d'un ligament cartilagineux très-fort. Leur structure en général est ferme; elles ne sont pas toutes de la même grosseur : par leur disposition et leur volume , elles peuvent résister aux chocs les plus violens, et défendre les organes qui sont contenus dans cette spacieuse cavité.

La première côte est longue de 1 mètre, 80 centimètres ; la largeur auprès de la tête est de 16 centimètres et sa circonférence de 33 : au centre, la circonférence de cette côte est de 29 centimètres ; à l'extrémité sternale, sa largeur est de 10, et sa circonférence de 22 ; à cette extrémité on remarque une petite échancrure qui sert à l'articuler avec le sternum : il n'y a qu'une côte sternale de chaque côté de la poitrine.

Les deux premières côtes, vues de face, offrent par leur courbure une ouverture qui correspond à celle qui est formée par l'os hyoïde

---

(1) MM. *Farines* et *Carcassonne* , ouvrage cité , page 19, disent : « la poitrine » est formée par vingt côtes, » *etc.* Je trouve la place de vingt-huit côtes à notre Baleine ; et les auteurs que j'ai consultés admettent aussi ce nombre : je pense qu'on ne pourra révoquer en doute ce fait.

et ses cornes ; cette ouverture donne passage à l'œsophage , à la trachée-artère et aux vaisseaux du cou.

La tête de ces deux côtes est recourbée et allongée, et se termine par un bec cylindrique raboteux qui a 3o centimètres de long. Cette tête s'articule avec l'apophyse latérale de la première vertèbre dorsale; et par le bec, elle est fixée au moyen d'un ligament à la facette articulaire qui se trouve sur les parties latérales du corps de cette vertèbre.

La deuxième côte est longue d'un mètre, 9o centimètres ; sa largeur près de la tête est de 16 centimètres, et sa circonférence de 33; au centre sa circonférence est de 25 centimètres, et à l'extrémité, sa largeur est de 7. La courbe que décrit celle-ci est moins forte que celle de la première côte ; la forme de la tête est la même que celle de la côte qui la précède , et s'articule de la même manière à l'apophyse transverse et au corps de la seconde vertèbre dorsale.

La troisième côte présente la même structure; quant à la forme de la tête, le bec est moins allongé et s'articule de la même manière que les deux côtes qui la précèdent; la facette articulaire de l'apophyse latérale est plus prononcée, et cette côte s'y articule par une plus large surface.

A la *quatrième côte* et aux suivantes , on ne remarque plus le bec de la tête des trois premières ; leur forme, quant à tout le reste, est à peu près la même; elles s'articulent toutes à de larges facettes qu'on remarque aux apophyses transverses des vertèbres dorsales ; ces facettes sont revêtues de cartilages. (1). Toutes les côtes ne sont pas de la même longueur; elles augmentent depuis la première jusqu'à la

---

(1) La 9ᵉ côte du côté droit de la poitrine, fut rejetée par les vagues au même endroit où avait échoué la Baleine, le 29 Mai 1829; le berger de la métairie de M. *Boluix*, la trouva et nous en fit la remise. Ce fait prouve d'une manière bien évidente, que la putréfaction fesait détacher les parties osseuses , et que c'est de cette manière que le rocher aura été perdu.

quatrième qui est la plus longue, et qui a 2 mètres 64 centimètres : elles diminuent ensuite graduellement jusqu'à la quatorzième qui est la plus courte et qui n'offre plus que 1 mètre 68 centimètres. (1).

§. VIII. DU BASSIN.

Il est étonnant de voir, (chez des animaux si monstrueux, et qui présentent des masses très-considérables), les os du bassin aussi petits que ceux des Baleines. Quel usage la nature a-t-elle voulu leur assigner? (2) il paraît presque nul; car ces os sont si petits, qu'ils ne peuvent protéger les organes qui sont contenus dans la cavité qui les renferme, comme cela a lieu chez les Mammiferes terrestres : aussi ils ne sont considérés que comme les rudimens du bassin : on n'y voit point la même forme, et leur ensemble ne présente point la même structure; ils sont très-écartés des vertèbres sacrées, et ne tiennent à celles-ci qu'au moyen d'un ligament, et restent suspendus dans les chairs des lombes; ils n'ont de connexion entr'eux que par un ligament fort lâche.

---

(1) MM. *Farines* et *Carcassonne*, page 20, disent : « les côtes sont de différentes grandeurs; quelques-unes n'ont qu'un mètre de longueur, » *etc*. J'avoue que je n'ai pas trouvé de côte d'un mètre de long ; la 14.ᵉ côte qui est la plus courte, offre une longueur d'un mètre 68 centimètres. (Voyez planche 4, fig. 9). Ces Messieurs auraient-ils pris pour deux côtes les cornes de l'os hyoïde? Ces deux os se rapprochent le plus par leur forme de celle des côtes, et se rapportent le plus à la longueur que Messieurs *Farines* et *Carcassonne* donnent à quelques côtes. Les cornes de l'os hyoïde ont 1 mètre, 37 centimètres de long (Voyez planche 4, fig. 2). Il n'est pas question dans l'ouvrage de ces Messieurs ni de l'os hyoïde ni de ses cornes.

(2) Je ne pourrai affirmer quel usage la nature a voulu donner à ces os. Si j'ai égard à une observation faite sur un Dauphin marsouin (*Delphinus-phocœna, Lin.*) que j'ai disséqué attentivement, j'ai remarqué que plusieurs muscles étaient fixés sur les os du bassin, et que des tendons très-déliés partaient de ces muscles et se portaient au pénis de l'animal (c'était un mâle). Peut-on déduire de là, que les os rudimentaires du bassin dans les Cétacées, sont intéressés dans les diverses fonctions qu'exerce l'organe reproducteur ?

La forme des os pelviens approche de celle d'un triangle ; un des angles est très-allongé et pointu ; les deux autres sont mousses : ils ont 36
centimètres de long sur 15 centimètres dans leur plus grande largeur :
leur face extérieure est légèrement convexe, et l'intérieure concave.

§. IX.   DES MEMBRES THORACHIQUES.

Les Mammifères de ce genre sont dépourvus de clavicules ; leurs
membres thorachiques, sont composés seulement des omoplates et
des bras ou nageoires pectorales. Il est à remarquer que malgré que
ces bras soient enveloppés d'un fourreau commun qui ne leur permet d'autre mouvement sensible qu'à l'articulation scapulo-humé-
rale , ils sont composés des mêmes os qu'on trouve chez l'homme,
à l'exception du pouce qui manque chez ces Mammifères : le nombre
de phalanges n'est pas le même dans tous les doigts. La longueur
depuis la tête de l'humérus jusqu'au bout de la dernière phalange
du doigt du milieu est de 2 mètres 32 centimètres ; et sa plus grande
largeur (1) qui est à la partie inférieure de l'humérus, est de 55
centimètres ; au carpe sa largeur est de 45 centimètres.

§. X.   DE L'OMOPLATE.

Cet os est situé à la partie supérieure des parois de la poitrine,
et s'élève presque à la hauteur des vertèbres costales : il est triangulaire, large à sa base de 1 mètre 25 centimètres ; son bord supérieur est semi-lunaire, garni d'aspérités où s'attachent de forts muscles ; le bord antérieur est court et plus épais que le postérieur. La
hauteur de cet os en le mesurant au centre est de 74 centimètres.
A la partie inférieure de cet os on remarque la cavité glénoïde qui
a 25 centimètres de longueur sur 21 centimètres de largeur ; elle
est plate, garnie d'un cartilage très-adhérent, qui sert à loger
la tête de l'humérus ; on n'y remarque point de trace d'attache du
ligament scapulo-huméral. Vers la partie inférieure de cet os, anté-

---

(1) MM. *Farines* et *Carcassonne* , page 21 , ouvrage cité , disent en parlant de
cette nageoire : « sa longueur est d'un mètre , 80 centimètres, et sa plus grande
» largeur est de 38 centimètres. » Ils ont mal pris les dimensions de cette
nageoire. (Voyez planche 5 , fig. 3 et 4)

rieurement et près de la cavité glénoïde, prennent naissance les apophyses : la coracoïde, longue de 26 centimètres, large de 12 centimètres, et l'acromion long de 22 centimètres et large de 7 centimètres ; ces apophyses sont raboteuses, dirigées d'arrière en avant et séparées par un profond sillon.

La face externe de l'omoplate est très-unie dans toute son étendue ; on n'y remarque point d'épine ; les muscles du dos qui viennent s'attacher à cet os doivent nécessairement se fixer, soit au bord supérieur, soit sur la surface de l'os. La face interne ou costale offre des sillons et des éminences, qui, d'après leur sens paraissent produits par l'impression des côtes.

La structure de cet os est assez spongieuse et n'est recouverte que d'une légère couche de substance compacte.

§. XI. DU BRAS.

L'humérus ou *l'os du bras* est court, fort épais ; il s'unit à la cavité glénoïde de l'omoplate par une grosse tête articulaire revêtue d'un cartilage lisse et poli, qui offre 80 centimètres de circonférence ; elle se dirige obliquement de dehors en dedans. La longueur de cet os est de 48 centimètres ; sa circonférence au centre est de 55 ; son extrémité cubitale est plate, et de forts ligamens l'attachent aux os de l'avant-bras ; tout au tour de l'extrémité supérieure de cet os on remarque des éminences rugueuses qui donnent attache aux muscles de l'épaule et à ceux qui se distribuent à cette nageoire.

L'avant-bras est composé de deux os longs, étroits et aplatis, séparés entr'eux par un espace interosseux, étroit, rempli par un ligament très-dur : ces deux os sont le *Cubitus* et le *Radius*.

Le *Cubitus* occupe le bord inférieur de l'avant-bras ; il est plat et légèrement courbé dans toute sa longueur qui est de 68 centimètres ; sa circonférence au centre est de 25 centimètres. A l'extrémité humérale de cet os on remarque une apophyse longue de 32 centimètres, aplatie, donnant attache à de forts tendons qui se dirigent vers les doigts : sa largeur est de 16 centimètres. Son extrémité carpienne est spongieuse et unie à la main par une substance tendino-ligamenteuse.

Le *Radius* occupe le côté opposé; il est beaucoup plus épais que le précédent; il est aplati et courbé dans le même sens: sa circonférence, à son extrémité humérale, est de 5o centimètres; au centre elle est de 35 : il est de la même longueur que le Cubitus, et son mode d'articulation est le même.

Le *Carpe* est formé par six gros os, courts, quatre cubiques et deux ronds, disposés sur deux rangées, dont la première en contient quatre; ils sont séparés les uns des autres par des ligamens larges qui les enveloppent de toutes parts : on n'y remarque point de facettes articulaires; leur forme et leur grosseur est très-irrégulière.

Le *Métacarpe* est composé de quatre os, longs, cylindriques et gros ; leur tête légèrement aplatie sur les côtés, est coupée en croissant; ils sont d'inégale longueur ; trois sont unis par leur base et ne paraissent former qu'un seul os ; celui qui répond à l'index est séparé; il est aussi le plus court : leur mode d'articulation est le même que celui qui règne dans tout le membre. Quatre doigts terminent la main ; ils ne sont pas de la même longueur : le premier ou index a quatre phalanges, les deux moyens sont les plus gros et les plus longs. Il nous est impossible de bien assigner le nombre de phalanges ; cette partie était si maltraitée que nous n'avons pu les retrouver toutes ; cependant l'un de ces doigts avait six phalanges et le quatrième cinq.

Toutes ces phalanges sont séparées par des ligamens tendineux très-longs , ce qui donne à ce membre beaucoup de flexibilité.

L'ensemble de tous les os qui composent le carpe, le métacarpe et les doigts, affecte une courbure dans le même sens que les os de l'avant-bras. Les moyens d'union dans ce membre sont si multipliés, les parties tendineuses si bien distribuées et tellement liées entr'elles, qu'il paraît que la nature a voulu donner à cette rame une grande force et beaucoup de flexibilité : mais cette partie n'a pas eu en partage la mobilité partielle ; car il paraît impossible qu'une des parties osseuses qui la composent puisse se mouvoir indépendamment des autres.

CONCLUSIONS.

Institut de France.

Académie Royale des Sciences.

Paris, le 27 Juillet 1829.

Le secrétaire perpétuel de l'Académie, à M. Companyo, Docteur en médecine.

« Monsieur, l'Académie a fait examiner le mémoire descriptif que
» vous avez bien voulu lui adresser au mois de Février dernier,
» sur un Cétacée qui a échoué sur les côtes du département des
» Pyrénées-Orientales, *etc.*; j'ai l'honneur de vous adresser le rap-
» port ci-joint que l'Académie a adopté à ce sujet, en vous remer-
» ciant, en son nom de cette communication.

» Agréez, Monsieur, l'assurance de ma considération distinguée. »

Signé, B. Cuvier.

Institut de France.

Académie Royale des Sciences.

Paris, le 26 Juillet 1829.

« Le secrétaire perpétuel de l'Académie pour les sciences physiques,
» certifie que ce qui suit est extrait du procès-verbal de la séance
» du 20 Juillet 1829.

» Monsieur le Président a bien voulu renvoyer à mon examen
» un mémoire qui a été adressé à l'Académie par M. le docteur L.
» Companyo, sur le Cétacée échoué sur les côtes du départe-
» ment des Pyrénées-Orientales, le 27 Novembre 1828. Elle se

» rappellera peut-être ; que j'ai déjà eu l'honneur de l'entretenir
» du même animal à l'occasion d'un travail de MM. Carcassonne
» et Farines, et que l'état de putréfaction très-avancée dans lequel
» se trouvait son cadavre, lorsque la mer l'avait apporté à leur
» observation, ne leur avait pas permis de nous faire remarquer
» autre chose que beaucoup de zèle et de bonne volonté.

» M. Companyo n'a donc pu beaucoup mieux faire qu'eux:
» mais c'est parce que, membre de la même commission nommée
» par M. le Préfet pour la préparation du squelette de ce Cétacée,
» il n'avait pas partagé l'opinion de ses collègues qui en ont fait
» une espèce nouvelle, qu'il a voulu rédiger de son côté, le mémoire
» particulier envoyé par lui à l'Académie. Sa description extérieure
» est toujours incomplète, et il s'est presque borné à décrire assez
» exactement le squelette en joignant des figures qui ne sont pas
» sans intérêt. En général le travail de M. le docteur Companyo,
» ne diffère guère de celui de ses collègues, qu'en ce qu'il a tran-
» ché moins hardiment la question de savoir si ce Balénophite est
» une espèce nouvelle. Il ne pense pas que les caractères sur les-
» quels se sont appuyés MM. Carcassonne et Farines, la grandeur
» proportionnelle de la langue et la forme de la symphyse de la
» mâchoire inférieure soient des caractères suffisans pour former
» du Cétacée échoué sur les côtes des Pyrénées-Orientales, une
» espèce nouvelle distincte du *Rorqual*, B.-musculus de *Gemlin*.
» C'était aussi en partie l'opinion que nous avions émise dans notre
» précédent rapport, avec la différence que les proportions de la
» langue, la forme de la mâchoire inférieure, nous ont paru indiquer
» peut-être mieux une autre Baleine à ventre plissé connue sous le
» nom de *Jubarte* ou de *B.-boops* ; c'est-à-dire, la première
» espèce des Baleines sans dents à trois nageoires de Sibbald. En
» effet, elle vient aussi quelquefois dans nos mers.

» Nous proposons donc à l'Académie de décider qu'il sera adressé
» des remercîmens à M. Companyo pour sa communication, en
» le priant de ne laisser passer aucune des occasions qui pourront se

» présenter à lui, de décrire les Cétacées que le hasard aménera sur les
» côtes, et surtout d'avoir égard à la proportion et à la mesure des
» parties extérieures nécessaires pour établir nettement la distinction
» des espèces de cette famille (1). »

Signé, L. D. DE BLAINVILLE, Rapporteur.

L'Académie adopte les conclusions de ce rapport.

Certifié conforme :

Le Secrétaire perpétuel, conseiller d'état, grand Officier de l'ordre
royal de la Légion d'honneur.

Signé , B. CUVIER.

---

(1) Je respecte infiniment l'opinion émise par M. de Blainville, rapporteur
de la commission nommée par l'Académie. Pour porter ses conclusions relatives à l'établissement de l'espèce, ce savant s'est basé sur les proportions de
la langue, ainsi que sur la forme de la mâchoire inférieure qu'avaient fixées
MM. Farines et Carcassonne. Il a été induit en erreur par l'exposé de faits
qui n'existent pas : il ne pouvait deviner.

Je n'ai rien à ajouter à ce que j'ai déjà dit concernant la langue de notre
Cétacée. (Voyez page 26, note 1.ᵉ).

Le mémoire que j'eus l'honneur de présenter à l'Institut royal de France ,
fut rédigé avec tant de précipitation , qu'il me fut impossible de donner
un exposé bien précis des pièces osseuses qui composaient le squelette de ce
Cétacée : mais devenu depuis lors possesseur de ce squelette, et l'ayant fait
monter , j'ai pu examiner avec soin la connexion des os entr'eux et les
décrire avec plus d'exactitude. Dans le mémoire que j'adressai à l'Académie
comme dans celui que je publie aujourd'hui , j'ai toujours manifesté l'opinion
que la Baleine, que j'ai observée avec MM. *Farines* et *Carcassonne*, n'était pas une
nouvelle espèce comme le prétendaient ces MM. : je confesse que du premier
abord, j'avais cru voir en cette Baleine une *Jubarte*. Cette opinion avait été partagée par plusieurs personnes, entre autres par M. *Canta*, naturaliste de cette ville,
qui en observateur instruit dans l'établissement des espèces , ne se décide pas
légèrement. Mais un examen plus attentif et réfléchi , le rapprochement des
caractères assignés par les auteurs à la *Jubarte* , diamétralement opposé à
ceux qui caractérisent le *Rorqual* , lesquels se trouvaient réunis à l'espèce
que nous avions sous les yeux, nous fit prendre la résolution d'abandonner
notre première idée pour adopter celle que la Baleine échouée appartenait
au *Rorqual.*

8*

Lorsque je me décidai , par les motifs exposés dans l'avant-propos, à tracer le mémoire que j'eus l'honneur de soumettre à l'Académie des sciences, relatif au Cétacée qui a échoué sur les côtes de ce département , j'étais bien loin de penser que cette faible production serait livrée plus tard à l'impression : mon seul but alors n'était que de faire connaître par une narration fidèle , quels étaient les caractères qu'il avait été possible de recueillir dans l'espèce de la Baleine échouée. Malheureusement lorsque j'ai pu examiner ce Mammifère, son état de putréfaction était si avancé, et son corps si maltraité, qu'il a été bien difficile de pouvoir rassembler assez de faits pour établir et parvenir nettement à la connaissance parfaite de l'espèce à laquelle il appartenait.

Plus tard nous confrontâmes encore la tête de notre Baleine avec les dessins que *Lacépède* (Histoire naturelle des Cétacées) a donnés de la tête d'un *Rorqual* pris le 20 mars 1798 , sur la côte de l'île Sainte Marguerite , près de Cannes, département du Var. Le parfait rapport qui existait entre les dessins de cet auteur, et la conformation de la tête de notre Baleine , nous donna la conviction intime qu'elle appartenait au *Rorqual*.

Cependant j'avais vu que M. *Cuvier*, (Règ. anim. dist. d'ap. son organ.) en parlant des Balcinoptères à ventre plissé , dit qu'on n'en a déterminé nettement qu'une espèce, qui est la *Jubarte*. Ce même auteur, *(Notes sur Camper)*, pense que *Rorqual* et *Jubarte* ne sont qu'une seule et même chose; que les caractères distinctifs sont si peu sensibles qu'on peut facilement prendre l'un pour l'autre. L'opinion de cet illustre naturaliste est bien attrayante , et j'ajoute la plus grande foi à ce qu'il avance; mais *Huncter*, *Sibbald*, *Pennant*, *Camper*, *Lacépède* et autres savans, en admettant ces deux espèces, leur assignent des caractères si opposés , voyant d'après ces auteurs que les caractères trouvés à notre espèce, se rapprochaient de ceux qui ont été assignés au *Rorqual* , je n'ai pas hésité de la rapporter à cette espèce.

Si je m'appesantis sur cette note, ce n'est que pour faire observer, que lorsque je me suis décidé à rapporter au *Rorqual* la Balcine qui a échoué sur les côtes de ce département, ce n'a été qu'après un mûr examen , et après avoir bien pesé les motifs qui m'ont déterminé à prendre la résolution de rapporter au *Rorqual* l'espèce que le hasard avait amené à mon observation.

Une commission de trois membres avait été nommée par l'autorité ; divisé d'opinion avec mes deux collègues, cela a donné lieu
à la rédaction de deux mémoires sur le même objet, qui ont été
envoyés à l'Académie des sciences : le même rapporteur a été chargé
d'examiner les deux mémoires, et il a fait deux rapports différens :
dans celui qui concerne le travail de MM. Carcassonne et Farines,
et qui est rapporté dans le mémoire qu'ils ont publié, comme extrait
de l'Universel sous la date du 15 Avril (1), il est dit : « les auteurs
donnent ensuite des détails sur les proportions du crâne et des
mâchoires; ce qui les conduit à former de cet animal une espèce
nouvelle qu'ils dédient à M. *Arago*, leur compatriote, sous le nom de
Baleinoptère-Arago, et caractérisé, 1.° par une mâchoire inférieure
plus large et plus longue que la supérieure (2), et se terminant en
pointe un peu obtuse (3); 2.° par une langue courte et étroite. » (voyez
les notes des pages 26 et 27 de ce mémoire).

M. de Blainville, examinant les motifs de cette détermination, ne
paraît pas les trouver suffisans, et pense qu'on pourrait mieux rapporter l'animal à la *Baleine Jubarte*, (Boops de Linnée), *etc.*, *etc.*

On peut voir ce qui a été dit dans le rapport fait par ce savant
naturaliste sur mon mémoire (page 59, extrait du rapport de l'Académie). Ayant vu par le contenu de ces deux rapports, que M. de
Blainville était persuadé que la Baleine échouée n'était pas de nouvelle espèce, et que s'il hésitait à se prononcer d'une manière for-

---

(1) MM. *Carcassonne* et *Farines*, au lieu de citer dans leur mémoire , les
extraits de l'Universel et de la revue Médicale, auraient mieux fait, ce me semble, de donner textuellement l'extrait du rapport que l'Académie leur a adressé,
et qu'ils avaient reçu lors de la publication de leur mémoire ; on aurait pu
mieux juger l'intention de M. le Rapporteur.

(2) Les auteurs de ce mémoire ayant fait articuler la mâchoire inférieure
dans les fosses orbitaires, cette mâchoire avance de 85 centimètres de plus
qu'elle ne devrait avancer, si elle était à sa place respective.

(3) Voyez ce que j'ai dit à l'égard de la pointe de cette mâchoire , page
21 , note 1.

melle, c'était entre les Baleines *Jubarte* et *Rorqual* (1) ; connaissant, dis-je, l'opinion de M. de Blainville, je n'hésitai point alors de rappeler à M. Farines (2), que la dénomination de *Baleinoptère-Aragous-*

---

(1) Si on n'avait pas altéré la description du Cétacée dans le mémoire qui a été soumis à l'examen de l'Académie, M. le Rapporteur aurait pu se prononcer d'une manière bien précise. Je ne crains point d'avancer ce fait, parce qu'il est connu des gens instruits de ce département ; mon mémoire d'ailleurs le prouve. Si je me permets de le faire imprimer, c'est plutôt pour m'a justification envers mes compatriotes, que pour le vain désir de devenir auteur, étant persuadé d'avance, que son peu d'importance ne lui laissera point passer les bornes de ce département.

(2) J'ai lu dans votre journal du 9 mai dernier, n.° 19, un article concernant un Dauphin qui a été apporté et vendu au marché de cette ville. Cet article est de M. Farines, pharmacien. Dans la description que ce Naturaliste donne de ce Cétacée, il établit une comparaison entre la cavité encéphalique de ce Dauphin et celle du *Baleinoptère-Aragous-Farines* et *Carcassonne*, qui echoua en novembre dernier, sur les côtes de ce département.

J'avoue que j'ai été bien étonné de voir M. Farines persister à donner ce nom à ce Baleinoptère. Que dans le premier moment MM. Farines et Carcassonne aient voulu l'appeler ainsi, ayant cru reconnaître en lui une nouvelle espèce, rien jusque là qui doive étonner ; mais M. Farines n'aurait-il pas dû s'en abstenir plus tard, lorsque le mémoire envoyé par lui et M. Carcassonne à l'Académie des sciences relativement à ce Cétacée, ayant été soumis à l'examen d'une commission composée de gens éclairés et à même de juger en pareille matière, fut loin d'être approuvé et que l'opinion de cette commission ne fut pas favorable à leur manière de voir.

A cette époque, sans doute, il était à la connaissance de M. Farines, que M. de Blainville, avait fait un rapport à l'Académie sur le mémoire transmis et signé par lui et M. Carcassonne : les journaux ont publié ce rapport, et le *Globe* du 24 avril, en rapportant la séance de l'Académie du 12 de ce mois en fait mention.

Ce rapport de M. de Blainville, adopté par l'Académie, ayant été publié, il me paraît qu'il aurait dû être respecté par M. Farines, puisque lui et son collègue, en envoyant leur mémoire, se soumettaient en quelque sorte au jugement de cette compagnie savante.

Membre de la même commission nommée par M. le Préfet, pour veiller à la conservation du squelette de ce Cétacée, et ne partageant point l'opinion de mes collègues, je ne pus donner mon assentiment à leur mémoire.

Farines et *Carcassonne*, qu'il avait employée dans la comparaison qu'il établissait entre la tête d'un Dauphin et celle de la Baleine qui venait d'échouer sur nos côtes était hasardée, puisque rien ne prouvait que ce fût une nouvelle espèce.

C'est alors que je vis qu'il ne fallait pas contrarier MM. Carcassonne et Farines. Car à ce qu'il paraît, non seulement on s'expose, dans ce cas, à leur ressentiment, mais on doit craindre d'éprouver celui de leurs sectateurs : on peut juger de la vérité de ce que j'avance, en prenant connaissance de la lettre anonyme, signée R...(1) A la suite de cet anonyme

---

Je dus donc en rédiger un autre dans lequel j'émettais une opinion différente, et ne pensais pas du tout que le Mammifère échoué fût une espèce inédite. Cette opinion vient d'être corroborée par le nouveau rapport qu'a fait M. de Blainville à l'Académie, dans la séance du 28 juillet dernier, dont l'extrait se trouve consigné dans le Courrier Français du 21 juillet, ainsi que dans le Messager des Chambres du 22, même mois.

Ces deux rapports de M. de Blainville suffiront désormais, sans nul doute, à MM. Farines et Carcassonne, pour qu'ils ne persistent plus à reconnaître une espèce nouvelle de Baleinoptère dans celle qui a échoué sur les côtes de ce département, improprement qualifiée et dénommée par eux. — Compagnyo, D. M. (Journal du département du 15 Août 1829).

(1) Dans le rapport que firent à M. le Préfet MM. Carcassonne, Companyo et Farines, relativement à la Baleine, et qui se trouve dans un des Bulletins de la Société d'agriculture du département, les auteurs déterminent la classe l'ordre et le genre auxquels appartient cet animal; mais quant à l'espèce, ils disent qu'ils ne la peuvent rapporter à aucune de celles dont ils ont vu la description. D'après cela il y a lieu de *s'étonner* que M. Companyo, dans un article du dernier N.° du journal du département, dise *qu'il ne pensait pas du tout que le Mammifère échoué fût une espèce inédite.* Il est probable que c'est au seul désir de voir son nom couché sur les colonnes du journal des Pyrénées-Orientales, que nous devons cette singulière production ; car je n'y saurais voir d'autre but.

Les articles de divers journaux qu'il cite avec complaisance, quoi qu'il en dise, ne corroborent rien; ils prouvent seulement que son travail n'a donné lieu à aucune conclusion, puisque M. le Rapporteur l'engage à continuer ses observations et *une autre fois, d'avoir égard aux caractères extérieurs.*

M. Companyo reproche à M. Farines d'avoir donné un nom à la Baleine en question, sans en avoir le droit ; sur cela il est tombé dans une erreur grossière, surtout en disant que l'Académie a *décidé* que ce n'était pas une

parut un avis qui annonçait que MM. Carcassonne et Farines avaient envoyé leur réponse, mais qu'elle était arrivée trop tard (tout exprès), pour être insérée dans le numéro prochain. (1).

---

espèce nouvelle. Je l'invite à lire l'Universel du 15 avril dernier, et il se convaincra que l'Académie n'a point d'opinion arrêtée sur cet objet ; qu'elle n'a point pris de décision ; et que la question est encore irrésolue. Ainsi toutes les fois qu'il sera question de ce Cétacée, on sera obligé de l'appeler *Baleinoptère-Arago-Farines* et *Carcassonne* ; cette vérité est mise en œuvre par l'agresseur même, qui, sans s'en douter, lui donne ce nom, ne pouvant le désigner par aucun autre : voici la phrase, tirée du premier paragraphe de son article, dans la description que ce naturaliste (*M. Farines*) donne de ce Cétacée, *il établit une comparaison entre la cavité encéphalique de ce Dauphin et celle du* Baleinoptère-Aragous-F. et C., *qui échoua en novembre dernier sur les côtes de ce département.*

Ce qui m'*étonne*, c'est que le *défenseur des décisions de la compagnie savante* ne se soit pas donné la peine de nous dire de quel nom il fallait appeler ce Cétacée ; car, au fait, quoique MM. Farines et Carcassonne *l'aient improprement qualifié et dénommé*, la pauvre bête n'y mérite rien, et je la crois assez grosse pour porter un nom ; appar..mment que le *redresseur*, dans son *opinion différente de ses collègues*, n'a pas été heureux, et qu'il n'aura pas l'honneur d'être son parrain.

Si M. Companyo trouve agréable et utile à sa santé d'avoir une haute idée de lui-même et de ses productions, je ne pense pas que MM. Carcassonne et Farines y mettent jamais obstacle ; mais je l'engage, dans son propre intérêt, à lire les rapports de l'Académie avec plus d'attention et à modérer une passion qui l'égare. R... (Journal du département, du 22 Août 1829).

(1) N'ayant pas du tems à donner à la polémique, lorsqu'elle n'a point un but utile, nous ne répondrons à la singulière attaque dont nous venons d'être l'objet, de la part de M. Companyo, que par la publication de notre mémoire. L'on pourra alors juger en comparant le rapport de M. de Blainville sur notre notice, et celui du même rapporteur sur le travail de M. Companyo, si cette querelle était fondée. Nous nous bornerons pour le moment à le prier de revoir les articles qu'il cite et ceux relatifs à notre mémoire, consignés dans l'Universel du 15 avril dernier, la Revue Médicale du mois de mai, *etc.* ; il verra dans ces derniers articles, que M. de Blainville ne s'est pas prononcé d'une *manière positive;* qu'il a laissé l'Académie dans le doute où il est lui-même, relativement au Cétacée en question ; que par conséquent nous

Les auteurs annoncent la publication de leur mémoire ; c'est le jour même que j'eus connaissance de la lettre de ces MM., que je pris l'engagement de publier aussi mon travail ; c'était le seul moyen de faire connaître la vérité, et de leur répondre avec tous les détails que méritaient les phrases inconvenantes dont s'était servi leur défenseur, M. R..... qui ne m'a inspiré d'autre sentiment que le plus parfait mépris ; car en fait de sciences ce ne sera jamais par des sarcasmes qu'on parviendra à faire connaître la vérité, et à persuader le public qu'on a raison. Cette vérité n'a été que trop reconnue par M. R..... en cette circonstance.

Je m'imposai en même tems l'obligation de ne faire paraître mon mémoire que lorsque j'aurais terminé de monter le squelette de la Baleine, parce que le bruit s'était répandu dans le public que je n'étais pas capable de le monter. Connaissant la source d'où partait cette calomnie, j'ai pensé que le plus sûr moyen d'y répondre, c'était d'offrir en même tems la description de la Baleine et son squelette, afin qu'on puisse établir la comparaison, et justifier la vérité de ce que j'avance.

Je ne puis m'empêcher en terminant ce mémoire, de remercier l'auteur de l'anonyme signé F.... (1). Je n'ai pas l'honneur de con-

---

sommes et demeurons en droit de le désigner sous le nom de *Baleinoptère-Arago*, que nous lui avons donné, et que tout ce qu'il pourrait exiger serait un point de doute.

Quant au rapport de M. de Blainville sur son travail, nous ne concevons pas comment il a pu y trouver la *corroboration* de la décision de l'Académie ; puisqu'elle n'a rien décidé, et surtout des motifs pour se permettre le ton d'autorité qui règne dans sa lettre, qui est pour le moins déplacé. — CARCAS-SONNE, D. M. ; J. FARINES. (Journal du département du 29 Août 1829).

(1) MM. Farines et Carcassonne trouvent un auxiliaire. M. R...., leur *Abonné*, prend chaudement leur défense, dans le dernier N.° de votre journal, contre M. Companyo ; c'est naturel : M. R.... veut conserver l'amitié de son Médecin et de son Apothicaire. Quant à moi qui me porte à merveille et suis sans crainte votre Abonné depuis dix ans, j'ai lu avec indifférence, je vous l'avoue à ma honte, les phrases scientifiques que la Baleine a fait éclore ; cependant les *phrases relatives aux convenances* qu'on doit observer, en se faisant imprimer, m'ont *plus qu'étonné* dans la complaisante lettre de M. R... et c'est sur ces dernières que je vais m'étendre, avec votre permission.

Comment donc, M. R... à propos d'un poisson dont il ne reste que les arêtes, vous attaquez violemment un homme qui ne vous a rien fait ! Vous ne craignez point de dire à M. Companyo qu'il a commis une *erreur grossière !* Et tout en cherchant à faire de l'esprit sur sa *santé*, vous prétendez que ce Médecin estimé est dominé d'une *passion qui l'égare !* Ah ! M. R...., que

naître M. F.....; je le prie de vouloir bien agréer mes remercîmens pour la peine qu'il a voulu se donner en prenant ma défense, et en combattant aussi victorieusement M. R..... Il faut que je vous le dise M. F....., jamais je n'ai reçu de témoignage aussi flatteur qu'à cette époque : non-seulement vous m'avez donné une preuve du plus sincère attachement en défendant ma cause ; mais encore une quantité de gens notables de la ville sont venus m'assurer de leur estime en désapprouvant ce qu'avait dit M. R. ; et comme un fait bien singulier, toutes ces personnes ont partagé votre manière de voir relativement à ce que vous dites, en désignant comme les auteurs de l'anonyme R..... les personnes que vous signalez. Je vous l'avouerai bien sincèrement ; je ne partage pas tout-à-fait votre manière de voir à ce sujet, et j'ose croire que des sentimens plus délicats sont partagés par ces MM. Ils ont donné des preuves bien convaincantes du contraire, dans les discussions scientifiques qu'ils ont eues chacun en particulier avec deux de leurs confrères, et que tout le département connaît, sans que je sois obligé de les rappeler. Au reste, je leur dis avec toute franchise qu'elle est mon opinion ; je leur ai signalé les erreurs que j'ai cru reconnaître dans leur mémoire. La Baleine restera montée pendant quinze jours ; ils peuvent la voir et l'examiner tout à leur aise, et si quelque chose n'est pas à sa place, je recevrai avec reconnaissance leurs avis.

Livré à l'impression , à Perpignan , le 10 Mai 1830.

COMPANYO , D. M.

---

vous êtes maladroit ! La critique n'exclut point la politesse, les égards dus au mérite; et en voulant préconiser vos patrons, vous êtes tombé dans un défaut contraire. Je pourrais en passant dire un mot sur le français que vous parlez, M. R....., si ce n'était une chose superflue pour tous ceux qui ont lu votre article. Quant au reproche que vous adressez à M. Companyo de n'avoir pris la plume que dans *le seul désir de se voir couché sur le journal des Pyrénées-Orientales*, ne pourrait-on pas croire aussi que MM. Carcassonne et Farines n'ont cherché à accoler leurs noms à celui de M. Arago, que dans l'espoir qu'ils passeraient à la postérité à la faveur de ce nom célèbre?

En définitive, vous paraissez être en peine pour trouver un parrain à la *grosse Bête* (il s'agit de la Baleine), rassurez vous ; le public, plus adroit que vous, l'a déjà deviné; et si les cent bouches de la renommée n'ont pas encore proclamé votre nom, à qui la faute ? Vous n'avez livré aux railleurs qu'une initiale.... — F. abonné. (Journal du département du 29 Août 1829).

FIN.

EXPLICATION DES PLANCHES.

PLANCHE PREMIÈRE.

Elle représente le profil de la Tête.

<table>
<tr><td>NUMÉROS.</td><td></td><td>DIMENSIONS.</td></tr>
<tr><td>1,</td><td>Trous mentonniers. . . . .</td><td></td></tr>
<tr><td>2,</td><td>Trous sous-orbitaires. . . . . . .</td><td></td></tr>
<tr><td>3, 4, 5,</td><td>Fosse orbitaire. . . . .</td><td>a, b, 4 mètres, 87 centimètres.</td></tr>
<tr><td>6, 7, 8,</td><td>Condyle de la mâchoire inférieure.</td><td>c, d, 1 idem.</td></tr>
<tr><td>9,</td><td>Ouvertures des évents. . . . . . .</td><td></td></tr>
</table>

PLANCHE DEUXIÈME.

Elle représente l'ensemble de la Tête vue dans sa partie supérieure.

<table>
<tr><td>1, 2, 3 ; 4, 5,</td><td>L'os frontal gauche.</td><td></td></tr>
<tr><td>6, 7,</td><td>L'orbite gauche. . .</td><td>DIMENSIONS.</td></tr>
<tr><td>8, 9, 10, 11, 12,</td><td>L'os temporal droit.</td><td></td></tr>
<tr><td>13, 14, 15, 16, 17,</td><td>L'occipital. . . . . .</td><td></td></tr>
<tr><td>18, 19, 20, 21, 22,</td><td>L'os maxillaire supérieur droit. . .</td><td>a, b, 4 mètres, 87 centimètres.</td></tr>
<tr><td>23, 24, 25, 26, 27.</td><td>L'os carré du nez gauche. . . . . .</td><td>c, d, 1 idem, 80 idem.</td></tr>
<tr><td>28, 29, 30, 31,</td><td>Fosse nazale. . . . .</td><td>e, f, 1 idem, 70 idem.</td></tr>
<tr><td>32, 33,</td><td>Gouttière du vomer.</td><td>g, h, 2 idem.</td></tr>
<tr><td>34,</td><td>Os nazal gauche. . .</td><td></td></tr>
<tr><td>35, 36, 37, 38, 39, 40,</td><td>Mâchoire inférieure.</td><td></td></tr>
<tr><td>41, 42, 43,</td><td>Fosse zigomatique.</td><td></td></tr>
</table>

PLANCHE TROISIÈME.

Elle représente la face postérieure ou base du crâne, et la mâchoire inférieure dans sa position naturelle.

FIGURE 1.ᵗᵉ. Face postérieure ou base du Crâne.

<table>
<tr><td>1, 2, 3, 4,</td><td>Condyles de los occipital. . . . .</td><td>DIMENSIONS.</td></tr>
<tr><td>5,</td><td>Trou occipital. . . . .</td><td></td></tr>
<tr><td>6, 7,</td><td>Union de l'occipital avec les temporaux. . . . .</td><td>a, b. 1 mètre, 60 centimètres.</td></tr>
<tr><td>8, 9,</td><td>Ouverture des évents. . . . . . .</td><td></td></tr>
<tr><td>10, 11,</td><td>Union du pariétal avec l'occipial.</td><td></td></tr>
</table>

Suite de la PLANCHE TROISIÈME.

Figure 2.ᵉ. Mâchoire inférieure dans sa position naturelle.

NUMÉROS.		DIMENSIONS.
1 , 2 , 3 , Condyles de la mâchoire inférieure.		a , b , 4 mètres , 55 centimètres.
4 , 5 , Apophyse coronoïde.		c , d , Cet espace était occupé par une symphyse cartilagineuse. 50 contin.
6 , Orifice du canal dentaire.		e , f , 2 mètres , 20 centimètres.

PLANCHE QUATRIÈME.

Figure 1.ʳᵉ Elle représente l'os Hyoïde.

		DIMENSIONS.
1 , 2 , Extrémités des branches postérieures.		
3 , 4 , Apophyse stiloïde.		
5 , Échancrure en croissant au centre du corps de l'os.		a , b , 1 mètre, 10 centimètres. c , d , 30 centimètres.

Figure 2.ᵉ Elle représente une des cornes de l'os Hyoïde.

		DIMENSIONS.
1 , Extrémité supérieure.		a , b , 1 mètre , 37 centimètres.
2 , idem , inférieure.		c , d , 14 idem. e , f , 17 idem.

Figure 3.ᵉ Elle représente la première vertèbre cervicale , ou *Atlas*.

a , Apophyse épineuse.
b , c , Apophyses transverses.
d , e , f , g , Facettes articulaires , qui reçoivent
les condyles occipitaux.
h , Canal vertébral.

Figure 4.ᵉ Elle représente la seconde vertèbre cervicale , ou *Axis*.

		DIMENSIONS.
1, 2, 3, 4, 5, 6, Apophyses transverses.		
7 , 8 , Apophyse épineuse.		
9 , 10 , Ouverture des apophyses transverses.		a , b , 90 centimètres. c , d , 32 centimètres.
11 , Canal vertébral.		

Suite de la **PLANCHE QUATRIÈME.**

Figure 5.ᵉ Elle représente le sternum, vu par sa face externe.

NUMÉROS.	DIMENSIONS.
1, 2, Partie antérieure.	
3, Apophyse à laquelle s'attache le car-	a, b, 48 centimètres.
tilage xiphoïde.	c, d, 70 centimètres.
4, Ouverture qui traverse l'os.	

La Figure 6.ᵉ représente la 1.ʳᵉ côte.
a, b, 1 mètre, 80 centimètres.

La Figure 7.ᵉ la 2.ᵉ côte.
c, d, 1 mètre, 90 centimètres.

La Figure 8.ᵉ la 13.ᵉ côte.
e, f, 1 mètre, 67 centimètres.

La Figure 9.ᵉ la 14.ᵉ côte.
g, h, 1 mètre, 68 centimètres.

PLANCHE CINQUIÈME.

Figure 1.ʳᵉ Face interne de l'omoplate.

Figure 2.ᵉ Elle représente la face externe de l'omoplate.

	DIMENSIONS.
1, Apophyse coracoïde.	
2, *Idem*, acromion.	a, b, 74 centimètres.
3, 4, 5, Cavité glénoïde.	c, d, 1 mètre, 21 centimètres.

Figure 3.ᵉ Elle représente la nageoire pectorale dans son état naturel.

Figure 4.ᵉ Elle représente la nageoire pectorale disséquée.

1, L'humérus.	8,	Première phalange.
2, Le cubitus. . . . . , ...	9,	2.ᵉ *idem.*
3, Le radius.	10,	3.ᵉ *idem.*
4, Apophyse tubéreuse attachée à l'extrémité	11,	4.ᵉ *idem.*
humérale du cubitus.	12,	5.ᵉ *idem.*
5, Les os du carpe au nombre de six, dis-	13,	6.ᵉ *idem.*
posés sur deux rangs.		
6, Les os du métacarpe au nombre de 4. . .		DIMENSIONS.
7, Les phalanges.		a, b, 2 mètres, 32 centimètres.
		c, d, 55 centimètres.
		e, f, 45 centimètres.

Figure 5.ᵉ Elle représente un os pelvien, ou os du bassin.

DIMENSIONS.

a, b, 36 centimètres.
c, d, 15 centimètres.

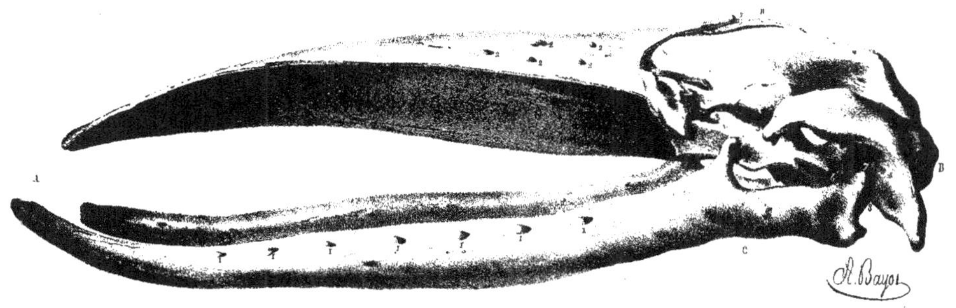

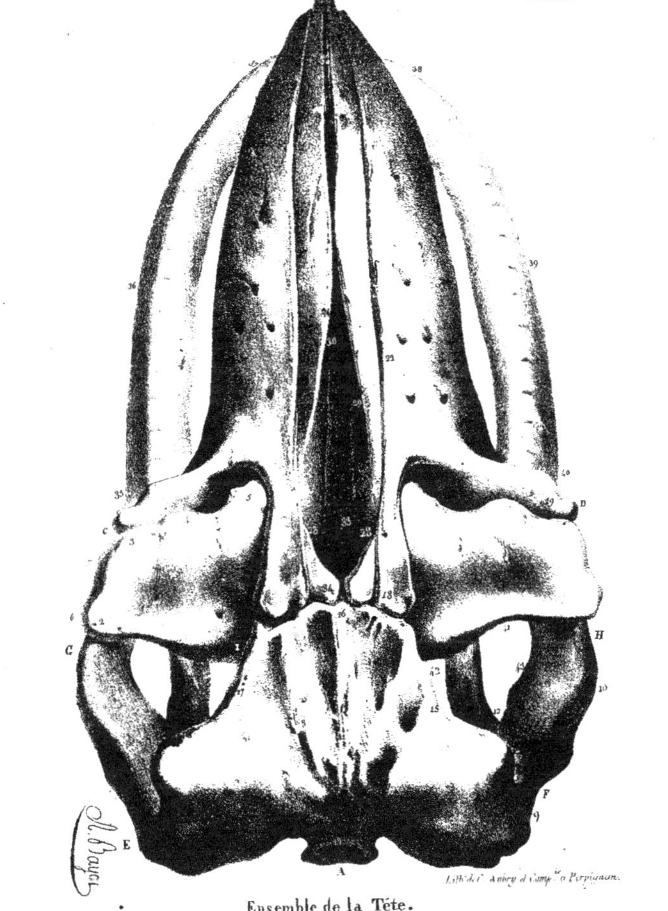

Ensemble de la Tête.

Lith. de C. Amiry d'après Perpignan.

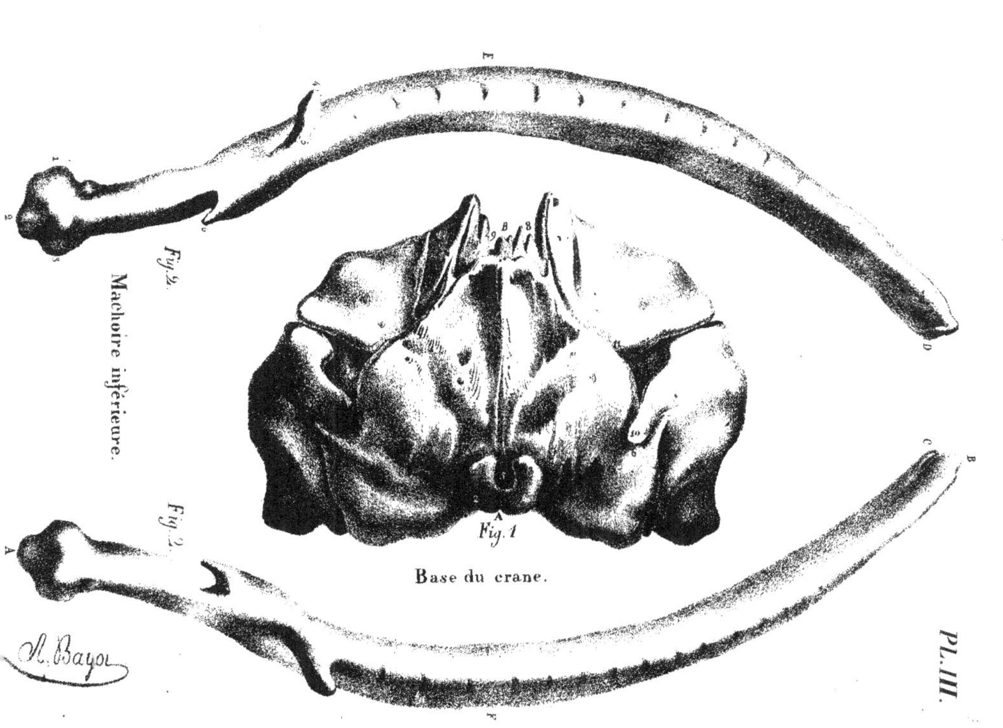

Fig. 2
Machoire inférieure.
Fig. 2
Fig. 1
Base du crane.
N. Bayot
PL. III.

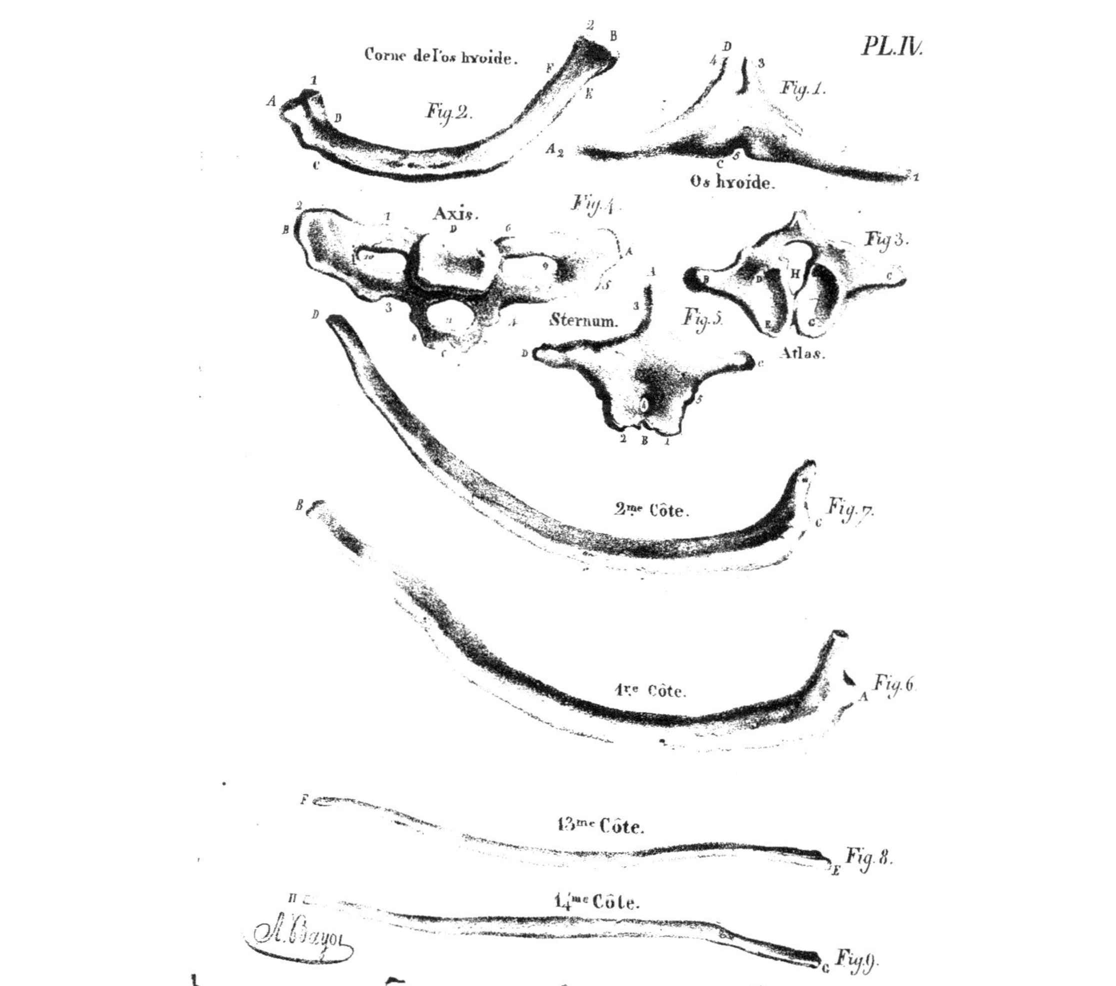

PL.IV.
Corne de l'os hyoïde.
Fig.2.
Fig.1.
Os hyoïde.
Axis.
Fig.4.
Fig.3.
Sternum.
Fig.5.
Atlas.
2me Côte.
Fig.7.
1re Côte.
Fig.6.
13me Côte.
Fig.8.
14me Côte.
A.Bayol
Fig.9.

Lith.ᵉ de C. Aubry et Comp.ᵗⁱᵉ a P.

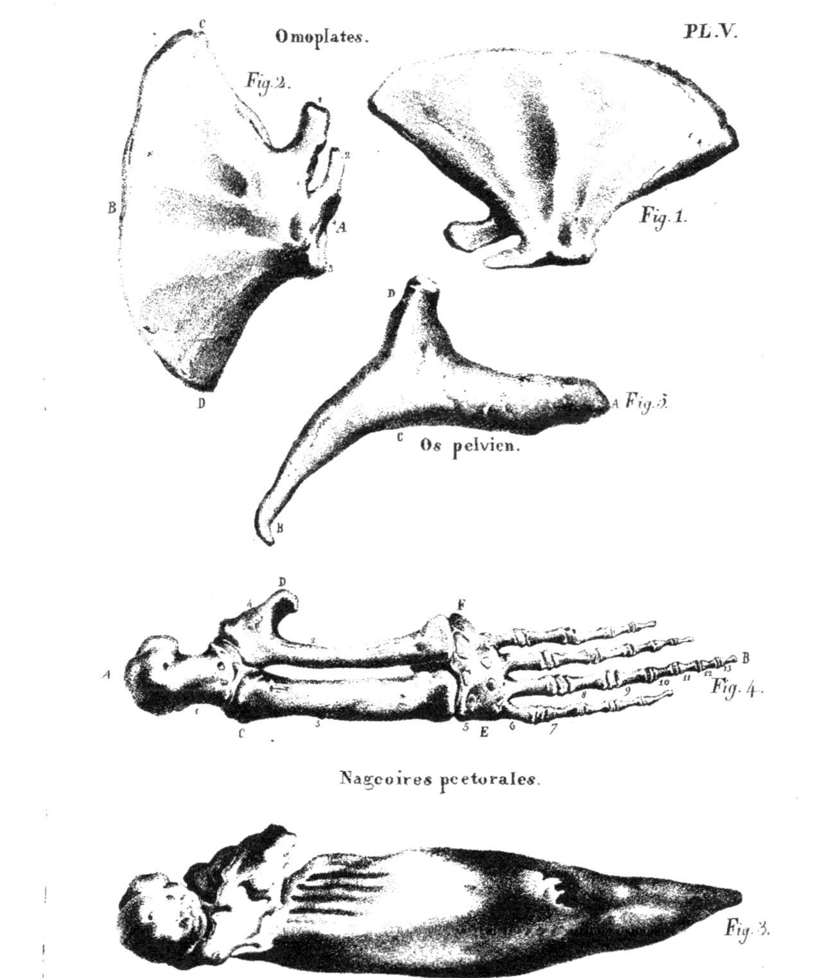

Omoplates.
PL. V.
Fig. 2.
Fig. 1.
Fig. 3.
Os pelvien.
Nageoires pectorales.
Fig. 4.
Fig. 3.
Lith. de C. Aubry et Comp.ᵉ a Perpignan.

www.ingramcontent.com/pod-product-compliance
Lightning Source LLC
LaVergne TN
LVHW010909200726
843507LV00002B/555